HABLEMOS DE VIOLENCIA

Un monstruo de mil cabezas

D1416725

HABLEMOS DE VIOLENCIA

Un monstruo de mil cabezas

MARIANA OSORIO GUMÁ

VERGARA

MÉXICO · BARCELONA · BOGOTÁ · BUENOS AIRES · CARACAS
MADRID · MONTEVIDEO · MIAMI · SANTIAGO DE CHILE

Hablemos de violencia. Un monstruo de mil cabezas
Primera edición, abril de 2014

D. R. © 2014, Mariana Osorio Gumá

D. R. © 2014, Ediciones B México, S. A. de C. V.
    Bradley 52, Anzures DF-11590, México
    www.edicionesb.mx
    editorial@edicionesb.com

ISBN 978-607-480-576-5

Impreso en México | *Printed in Mexico*

A todos los niños del mundo que
sufren o han sufrido violencia

PRÓLOGO

Ojo por ojo y todo el mundo quedará ciego.

MAHATMA GANDHI

En México, la incesante violencia ha dejado un saldo de cientos de miles de muertos y familias afectadas. Es innegable que la infancia es vulnerable a ella de un modo particular. Se estima que hay entre treinta mil y cincuenta mil menores de edad involucrados en la delincuencia a lo largo del globo. ¿Qué ha provocado este secuestro de nuestros niños (sí, *nuestros*)? Estas cifras aberrantes y escandalosas son parte de un conjunto de fenómenos frente a los cuales nos sentimos impotentes, sin encontrar muchas explicaciones ni saber muy bien qué hacer al respecto. ¿Cómo abordarlos, desde la posición de adultos a cargo de las generaciones siguientes, si nosotros mismos muchas veces no los comprendemos? ¿Tendrán estos mismos fenómenos alguna relación con el aumento de la violencia en los ámbitos familiar y escolar?

El peligro de acostumbrarnos a escuchar, presenciar o experimentar continuamente hechos de violencia, sin cuestionarnos ni reflexionar sobre ella porque se ha vuelto algo "normal" en nuestra vida, no es menor. Tampoco lo es el peligro de sus consecuencias en el desarrollo de los niños. En la medida en que se vuelve algo cotidiano y familiar, perdemos de vista la importancia de sus efectos, tanto sobre nuestra vida personal como en la dinámica de la comunidad. Así, el entramado social se va rasgando y dañando de maneras cada vez más evidentes. Si no nos ocupamos de la violencia, si no pensamos en ella, dejamos que ella se ocupe de nosotros. Se va "normalizando" en nuestro día a día, se vuelve parte de nuestra cotidianidad y desde allí nos va devorando silenciosamente, sin que nos demos cuenta.

Pero ¿qué es la violencia? ¿De dónde viene? ¿Podemos mantenernos al margen, y mantener al margen de ella a nuestros niños? Y, en todo caso, ¿qué clases de seres humanos se crean a partir de la violencia "normalizada"? Como sociedad y como individuos, ¿tenemos algo que ver con ella? ¿Hay algo que podamos hacer para contrarrestarla?

La violencia en sus distintas manifestaciones merma profundamente la integridad y dignidad de las personas. Cuando, además de todo, queda impune, da lugar a hondos resentimientos y ayuda a que se siga reproduciendo. Para enfrentar la violencia es necesario, ante todo, salir de la ignorancia. Analizar su lógica de funcionamiento, desmenuzar sus elementos, para así poder reflexionar sobre ella y reconocerla como lo que es: un monstruo de mil cabezas al que, por cada una que le cortamos, le crecen dos más. Es decir, genera herencias, "radioactividades", contagios que se expresan en todos los ámbitos de nuestra sociedad, y con sus dentelladas va mermando y contaminando los distintos espacios de nuestro tejido social.

Hay que construir en grupo las posibles respuestas. Para detectar algunos orígenes de la violencia es necesario observar nuestra vida cotidiana y nuestros vínculos cercanos dentro de la familia, el trabajo y la escuela. Revisar sus modalidades, las maneras escandalosas y visibles que tiene la violencia para expresarse, y también aquellas otras invisibles o menos evidentes. Hablar sobre ella, identificar los elementos que están en juego cuando aparece en cualquiera de sus formas, ya es enfrentarla: es sembrar semillas para intentar restaurar un entramado social profundamente dañado. Y es tarea de todos, pues al silenciar, subestimar o ignorar los hechos de violencia, nos volvemos cómplices. Sin mala intención y tal vez sólo con afán de protegernos, pero es como si echáramos alimento para engordarla. El silencio la vuelve más grande y a la vez nos desprotege a todos, especialmente a nuestros niños, los más vulnerables. Al nombrar las caras del monstruo y reflexionar sobre cómo nos concierne y afecta, juntos podremos encontrar salidas del lóbrego y apretado callejón donde suele arrinconarnos. Y esa salida depende de lo que todos hagamos por encontrarla.

Capítulo 1

LA VIOLENCIA: UN MONSTRUO DE MIL CABEZAS

Hace poco participé en un congreso de psicoanálisis sobre las relaciones de la violencia con las graves perturbaciones psíquicas de la infancia. A lo largo de dos jornadas de ponencias presencié acaloradas discusiones sobre las circunstancias, repercusiones, posibles causas y diversas caras de este fenómeno y sus efectos sobre los individuos. Hacia el final del congreso me vino a la mente la imagen de un monstruo feroz y gigantesco sobre cuyo cuerpo se mueven miles de cabezas espantosas. Me dije: la violencia es una hidra feroz y despiadada a la que, por cada cabeza que le cortas, le sale una nueva. Fue una idea un tanto descorazonadora, pero, sin incurrir en la ingenuidad de creer que la violencia puede ser erradicada por completo, estoy convencida de que hay maneras de enfrentarla que al menos podrían mantenerla a raya. Una de ellas es entender qué la conforma y qué tiene que ver cada uno de nosotros con su crecimiento descomunal, y a partir de ahí pensar cuáles son sus puntos débiles.

La mitología nos aporta sabias imágenes que viajan a través de los siglos y muchas veces nos ayuda a profundizar en sentimientos humanos y problemas que no por viejos dejan de ser actuales. Invito al lector a recordar el antiguo mito griego de Hércules y su lucha contra el monstruo fantástico conocido como la hidra. Esto nos dará la pauta para empezar a analizar el complejo problema de la violencia.

De cómo Hércules venció a la hidra, un monstruo de mil cabezas

La hidra era un despiadado monstruo acuático con forma de serpiente que tenía cinco, nueve, cien o incluso hasta diez mil cabezas, según la lectura que se hiciera del mito. Su venenoso aliento era capaz de acabar con los más fuertes. Heracles, también conocido como Hércules, en el segundo de sus doce trabajos (que fueron su penitencia por un crimen cometido), mató a este animal espantoso, que tenía la capacidad de regenerar dos cabezas por cada una que perdía o le cortaban.

Hércules era hijo de Zeus y Alcmena, una reina mortal. Al nacer lo llamaron Alceo, o Alcides, en honor a su abuelo Alceo. Este nombre griego evoca la idea de fortaleza. Desde pequeño, Hércules mostró una fuerza sobrehumana, de la que hizo su destino, y que era imposible atribuir a un solo hombre. Fue en la edad adulta cuando recibió el nombre con que se lo conoce: Hércules, por imposición del dios Apolo a través de una Pitonisa, para indicar su condición de servidor de la diosa Hera. Cuando se decidió a matar a la hidra, Hércules llegó a la ciénaga próxima al lago de Lerna (la guarida del monstruo) con su sobrino Yolao, al que había pedido ayuda, ya que él solo se sentía impotente contra el monstruo. Ya vemos que ni el propio Hércules se aventaba semejante tarea sin compañía: es imposible luchar solo contra un monstruo descomunal. No en balde el refrán nos recuerda que la unión hace la fuerza.

Hércules y su sobrino se cubrieron boca y nariz con una tela para protegerse del aliento tóxico de la hidra y se acercaron a la fuente Amimone, donde se refugiaba. Hércules disparó flechas con llamas hacia dentro de la fuente para obligar al monstruo a salir, y una vez frente a frente, lo atacó con la espada y le cortó varias cabezas. Pero por cada cabeza que perdía, a la hidra le nacían dos nuevas, de modo que muy pronto nuestro héroe se dio cuenta de que no iba a llegar a nada con ese método. Entonces Yolao, su inteligente sobrino, tuvo la idea (probablemente inspirada por la diosa Atenea) de quemar los cuellos del monstruo para cauterizar las heridas y evitar la duplicación de las cabezas cortadas. Cada vez que Hércules cortaba una cabeza, Yolao pasaba una tela ardiendo por el muñón; así hasta que la hidra de Lerna se quedó sin cabezas. Hércules enterró al vencido monstruo bajo una gran roca en el camino sagrado entre Lerna y Eleia, y con eso completó su segundo trabajo.

¿Qué aporta el mito de la hidra al tema de la violencia?

Entre otras ideas que pueden extraerse de esta historia (y probablemente el lector habrá extraído ya algunas conclusiones), hay una central: para luchar contra un ser descomunal y feroz se necesita, ante todo, mucha fuerza. Pero no se trata tan sólo de fuerza física y de un enfrentamiento de violencias. La fortaleza más importante radica en no enfrentarse solo al monstruo. Dos cabezas piensan más que una, según el viejo refrán (si bien a la propia hidra este dicho no le funcionó muy bien que digamos...). En esta lectura que propongo, el mito puede ayudar a dilucidar la importancia de hacer comunidad frente a un monstruo tan poderoso, que en nuestra alegoría representa a la violencia. Subrayemos que la fuerza la hace el grupo (dos ya son grupo), y los pensamientos, ideas y reflexiones que se generen en su seno en torno a este enorme problema nos permitirán crear salidas, no sólo personales, sino sobre todo comunitarias.

Como aquel monstruo mitológico, la violencia se reproduce y se alimenta de las mismas heridas que abre; son sus herencias malditas. Cuando por hechos de violencia se abren heridas personales, sociales o comunitarias, es como si la misma lesión multiplicara las violencias. Se despiertan deseos de venganza, resentimientos, odios. De nuevo viene al caso un refrán: violencia genera más violencia. Pero entonces, ¿cómo podemos cauterizar las llagas de este mal tan generalizado, antes de que el monstruo termine por devorarnos? El propio mito sugiere una salida: pensar juntos.

¿Qué se entiende, generalmente, por violencia?

En esta sección buscaré trazar algunas líneas que nos acerquen a una definición del concepto de violencia, aunque haya que dar algún rodeo. Empecemos por rastrear las raíces etimológicas de la palabra *violencia*.

Como punto de partida, he aquí una definición que sintetiza la que ofrecen varios diccionarios: *la violencia es el tipo de interacción humana que se manifiesta en aquellas conductas o situaciones que, de forma deliberada, aprendida o imitada, provocan o amenazan con dañar o someter gravemente, ya sea física, sexual o psicológicamente, a una persona o una colectividad, afectándolas hasta el punto de limitar sus potencialidades presentes o futuras.*

Es siempre interesante explorar la etimología de las palabras, y los sentidos que se desprenden de sus raíces pueden ayudar a aclarar los conceptos. Una exploración etimológica en torno a la palabra *violencia* revela que desde tiempos remotos la violencia ha sido asociada con la idea de fuerza física. En latín, a esa fuerza se le llamaba *vis* (plural, *vires*), palabra de la que se deriva el *vigor* que permite que la voluntad de uno se imponga sobre la de otro. En el derecho romano se habla de "una fuerza mayor, que no se puede resistir" (*Vis magna cui resisti non potest*). El vocablo *vis* dio lugar al adjetivo *violentus*, que aplicado a cosas, se puede traducir como violento, impetuoso, furioso, incontenible, y cuando se refiere a personas se interpreta como fuerte, violento, irascible. De *violentus* se derivaron *violare* (con el sentido de agredir con violencia, maltratar, arruinar o dañar) y *violentia* (que significó impetuosidad, ardor —del sol—, rigor —del invierno—), así como ferocidad, rudeza y saña.

Esto nos recuerda no perder de vista, aunque resulte un tanto inquietante, la relación íntima entre violencia y vida. No hay que negar que la naturaleza misma es violenta e indómita. Basta con observar la fuerza de un tsunami, las inclementes sacudidas de un terremoto, la embestida de un huracán o un tornado, que dejan a su paso territorios enteros destruidos, y a los seres humanos llorando nuestra pequeñísima existencia, desamparados e impotentes frente a la devastadora enormidad de esos fenómenos. Basta con asomarse brevemente al mundo salvaje, al de los animales, incluso al de las plantas, voltear la cabeza hacia el cielo y observar el universo, para descubrir boquiabiertos que muchas de las cosas que ahí ocurren están marcadas por manifestaciones irruptoras de un estado de paz, que lo sacuden con sus estremecimientos, sus desgarraduras y explosiones.

Pero hagamos unas salvedades. Tal como señala la definición de los diccionarios, para que un hecho sea calificado como violento tiene que haber un deseo intencional de perpetrar un daño a otro, más débil o vulnerable. En ese sentido, las manifestaciones de la naturaleza, por violentas que sean, no tienen la misma connotación ni implicación en términos de lo que aquí estamos analizando. Simplemente son. No hay en ellas ninguna intención de dañar: sólo una fuerza salvaje e indómita, que se manifiesta sin motivos ni razones por su propia condición natural, ajena a cualquier voluntad humana.

En *El malestar en la cultura*, una de sus obras más emblemáticas, Sigmund Freud afirma que todas nuestras desdichas tienen tres fuentes posibles: la hiperpotencia de la naturaleza, la fragilidad de nuestro cuerpo y la ineficacia e insuficiencia de las normas y leyes que regulan las relaciones entre los seres humanos (en otras palabras, no la tenemos fácil).

El padre del psicoanálisis elabora ideas profundas y reveladoras sobre lo que llama el "malestar en la cultura". Él entiende por cultura aquello que "designa toda la suma de operaciones y normas que distancian nuestra vida de la de nuestros antepasados animales, y que sirve para dos fines: la protección del ser humano frente a la naturaleza y la regulación de los vínculos recíprocos entre los hombres".* Según este enfoque, lo cultural es lo que valoramos como "bien común", las actividades que nos son útiles como comunidad humana y que tienen como finalidad proteger a nuestra especie. El "bien común" es un concepto fundamental que, al ser una suerte de pacto intersubjetivo, funge como contraparte del fenómeno de la violencia. Intersubjetivo es lo que ocurre entre dos sujetos o más: se da allí donde reconocemos que hay otra persona, distinta, con su propia capacidad de ser y conocer por sí misma, con sus propias experiencias y puntos de vista, que pueden parecerse a los de otros o diferir completamente. El pacto intersubjetivo implica que se reconoce que ahí hay otro, un semejante que piensa, que existe, con quien es posible entablar comunicación y que es un ser humano digno de cuidado y de respeto.

Sin cultura estaríamos expuestos a la destrucción, sin protección alguna frente a las inclemencias de la naturaleza, y la relación entre los seres humanos quedaría librada a la arbitrariedad del más fuerte sobre el más débil de acuerdo con sus impulsos, fueran los que fueran. Lo humano propiamente dicho, esto es, la convivencia que nos representa, sólo es posible cuando los individuos se reúnen y establecen un orden jurídico para regular la relación de unos con otros. En ese orden, los impulsos individuales tienen que ser limitados por la ley, en aras de un bien común, para que nadie resulte víctima de la violencia bruta. Aquí vale una aclaración fundamental: la ley de la que aquí se habla ha de fundamentarse en una ética universal. No

---

* Sigmund Freud, *El malestar en la cultura*, p. 88.

se trata de una ley acomodaticia, caprichosa, que se le pudiera ocurrir a cualquiera para servir a sus propios intereses o para abusar o sacar provecho de otro. Si la ley se rige por la ética universal, no sólo nos protege, sino que permite que, en el seno de la cultura, el ser humano logre mostrar también su lado constructivo, creativo, que es justamente el aspecto que muchas veces le permite contrarrestar los efectos de su propia destructividad e incluso oponerse a ella.

Tal y como nos lo recuerda Freud, aunque nos cueste verlo en nosotros mismos, el ser humano no es manso ni amable de origen: lleva consigo una buena dotación de agresividad que siempre parecería estar buscando donde descargarse. No en balde, un mandamiento (es decir, una regla social que limita la expresión de impulsos agresivos, aunque se le atribuya a la religión) nos exhorta así: "Amarás a tu prójimo como a ti mismo". El ser humano sabe de lo que él es capaz, aunque se afane en desconocerlo; sabe, pues, que el prójimo puede ser una tentación para satisfacer la agresión de muchas maneras: explotar su fuerza de trabajo sin remunerarlo o haciéndolo escasamente, usarlo sexualmente sin su consentimiento, hacerlo objeto de humillaciones o martirios, asesinarlo... Recordemos, con el refrán, que "el hombre es lobo del hombre".

Siguiendo con Freud, por otro lado tenemos el problema de la violencia de las "pequeñas diferencias"; con esto se refiere a cómo comunidades, vecinas y próximas en varios aspectos, se hostilizan: españoles y portugueses, alemanes del norte y del sur, ingleses y escoceses, mexicanos y estadounidenses, por citar algunos ejemplos. Allí se aprecia una expresión, relativamente cómoda e inofensiva, de la inclinación agresiva, que por otra parte facilita la cohesión de los miembros de la comunidad. Sabemos que esta inclinación agresiva, necesaria para la formación de grupos, a la larga puede derivar en el odio aniquilador más intenso: el que se expresa en la guerra.

Por fortuna tenemos la ética universal, que se basa en el respeto al semejante, en el sentido más profundo del término: el respeto, cuidado y reconocimiento de su humanidad, en tanto implica su subjetividad. Por *subjetividad* se entiende el conjunto de percepciones, argumentos y lenguaje que conforman el punto de vista de un sujeto.

Partamos, pues, de la base de que existe una inclinación agresiva en el ser humano (sobre esto se abundará a lo largo de este libro, especialmente en el segundo capítulo). Si bien las bases de la cultura misma están forjadas, necesariamente, en un entretejido amoroso, en tanto que el amor une y reúne, también forma parte de la cultura la manera en que se limita a los impulsos agresivos que nos caracterizan y nos constituyen. Se supone que justamente para eso se han creado las leyes, aunque apenas alcanzan a limitar las expresiones más crudas de la violencia, y menos aún sus manifestaciones más silenciosas e invisibles. En todo esto nos detendremos más adelante.

Entonces... ¿la violencia existe desde que el hombre es hombre?

La violencia siempre ha coexistido con los seres humanos, sin duda. Lo que ha cambiado, o es susceptible de transformarse, es el modo en que la vemos.

Fernando Savater, filósofo español que ha hecho diversos aportes al campo de la ética y de la educación, nos recuerda que la violencia es consustancial al ser humano y que en ocasiones ha sido necesaria para lograr importantes avances en el desarrollo de la sociedad. Algunas revoluciones y conquistas sociales, por ejemplo, no hubieran sido nunca posibles sin una cuota de violencia. Si echamos un vistazo a la historia, veremos que muchos conflictos sociales derivan en guerras y desembocan en situaciones de profundo infortunio. No obstante, también tenemos registro de otros que han contribuido a la transmutación de violencia en derecho, con la finalidad de zanjar los conflictos por medios menos destructivos. El ser humano, a través de su historia, ha demostrado tener una capacidad transformadora de realidades. Es un hecho constatado que infunde esperanzas a quienes nos sentimos agobiados en el México violento de hoy.

Así, pues, no es impensable que nuestra propia especie encuentre medios no violentos para transformar positivamente la realidad social. Observemos cómo las sociedades más avanzadas, en términos de justicia social y económica, son precisamente las que hacen menos uso de la violencia en sus manifestaciones más evidentes (pues recordemos que la violencia tiene otras expresiones, más acalladas y cotidianas, más silenciosas o invisibles).

¿Qué diferencias hay entre lo que ha ocurrido a lo largo de la historia y la actualidad en lo que respecta a la violencia?

Tal vez sea cierto, como dice Savater, que es una utopía puritana pensar que las sociedades humanas algún día estarán libres de un fenómeno como el de la violencia, pero eso no nos exime, puritanos o no, de deplorarla en todas sus formas y contextos. Pero ¿es cierta esa idea generalizada de que hay más violencia ahora que en épocas anteriores? Comparemos lo que ocurría antes con lo que ocurre en la actualidad a la luz de algunos ejemplos.

Tan sólo piense el lector en el coliseo del antiguo Imperio Romano. Su inauguración en Roma duró cien días. Durante el magno festejo, en el que participó todo el pueblo, murieron decenas de gladiadores y fieras que dieron su vida por el "placer" de divertir a la gente. Se trataba de espectáculos violentos en extremo, a los que asistían las familias con todos sus integrantes. Niños y adultos miraban fascinados cómo se mataban los gladiadores o cómo los leones devoraban a sus presas, y gritaban excitados desde las gradas masticando pan y bebiendo vino (cuando no eran muy pobres). No olvidemos tampoco cuán difundida era antiguamente en muchas culturas la práctica de los sacrificios humanos, donde se mataba a las víctimas ritualmente con la finalidad de apaciguar a los dioses.

Entonces, ¿cuál sería la principal diferencia entre esas épocas de la historia y la actualidad? Es simple, pero fundamental: antes esos hechos eran aplaudidos y disfrutados abierta y generalizadamente. Hoy en día nos escandalizaríamos si el sacerdote de la iglesia tomara a uno de los asistentes a la misa para sacarle el corazón o si en el estadio de futbol se aplaudiera el linchamiento de un equipo por el otro.

Algunos historiadores consideran que los Juegos Olímpicos, desde su origen en la antigua Grecia, así como otras actividades deportivas y culturales, son en cierto modo sustitutos de la guerra o de la rivalidad entre hombres. Es decir, a través del juego se subliman (se trasladan a un ámbito simbólico, menos real) impulsos descarnados que atraviesan y constituyen nuestra parte salvaje. De ese modo se desvía una energía agresiva hacia un nuevo fin, que termina siendo lúdico. De hecho, en la antigüedad las guerras se suspendían cuando empezaba una Olimpiada.

Estamos, pues, de acuerdo en que lo común en nuestra época es mostrar rechazo a algunas prácticas (nada sublimadas) de tiempos remotos, como los sacrificios humanos, ejecuciones públicas o acciones salvajes aceptadas como diversión popular. Incluso existen censores sociales que detectan manifestaciones de violencia que la conviertan en tema de "recreación" pública, y no sólo cuando se ven afectados los seres humanos, sino también los animales (piénsese, por ejemplo, en la cada vez mayor oposición a las corridas de toros, o en la postura moral de muchos vegetarianos). Como bien sabemos, este rechazo en el discurso no significa que la violencia sea cosa del pasado. Con todo, a pesar de la idea romántica de que los tiempos pasados fueron mejores, es necesario reconocer, junto con los historiadores, que proporcionalmente en la actualidad hay menos violencia. La razón por la que tal vez no lo percibimos así es que ahora tenemos mayor noticia de ella, pues el acceso a la información es mucho más inmediato y está mucho más generalizado que en otras épocas.

De cualquier modo hay que insistir en la importancia de condenarla y no insensibilizarnos ante ella. Sería muy preocupante que nos dejáramos invadir por esa anestesia que nos vuelve inclementes frente a atropellos o crímenes dolorosos e inhumanos. De manera muy particular en el contexto actual de México, donde a diario nos bombardean noticias sobre atrocidades del crimen organizado o injusticias apabullantes cometidas por grupos de poder que, para colmo, quedan impunes. En ocasiones nos descubrimos, si no insensibles del todo, tal vez un poco anestesiados e indiferentes frente al horror de las atrocidades cometidas por unos hombres sobre otros. Pareceríamos perder la esperanza en la legalidad y en la posibilidad de que opere la justicia. Lo más preocupante es que corremos el riesgo de transmitir a los niños (en especial si somos su principal referente) indiferencia o desesperanza, y que ellos crezcan creyendo que la violencia, el pan nuestro de cada día, es algo "normal", contra lo que "no hay nada que hacer". Pero lo *normal* no necesariamente es lo saludable. Si se vuelve normal que nos acuartelemos para evitar ser secuestrados, que cerremos nuestras calles para tener "mayor seguridad" y "protegernos" de la delincuencia, eso no les resta a dichas acciones insalubridad en múltiples sentidos. Desde este punto de vista, podría decirse que lo insalubre se normaliza.

¿Cómo pensar en conjunto el tema de la violencia?

La tendencia a generalizar trae dificultades y no siempre ayuda a entender lo que puede estar en el fundamento de un problema. En muchas ocasiones, generalizar nos impide pensar, y de hecho las generalizaciones suelen estar repletas de prejuicios. Si, por el contrario, logramos ir desmenuzando el asunto desde su base o, al menos, aproximarnos a una comprensión más detallada, el concepto se amplía en lugar de comprimirse, y esa misma ampliación nos permite una visión más panorámica y en consecuencia un mayor entendimiento. Es entonces cuando nuestra perspectiva cambia y logramos pensar. Es, como se dice, "mirar el cuadro completo", pero a la vez acercarnos a mirar la conformación de los detalles.

Pensemos en algunas generalizaciones comunes sobre el tema de la violencia, por ejemplo: "La sociedad es violenta", "Los jóvenes son violentos", "Antes había menos violencia que ahora: la violencia ha aumentado", "Los niños se vuelven violentos cuando ven películas violentas", y así sucesivamente. Tales generalizaciones tienden a obturar la visión y no aclaran gran cosa. Responden a prejuicios e impiden la profundización o comprensión asentada en un ejercicio reflexivo. El pensamiento es la herramienta principal para enfrentar la violencia, por eso es importante no negárnoslo. Y para pensar y observar los detalles, necesariamente hay que desmenuzar.

Así, pues, para librarnos de generalizaciones y prejuicios, vayamos encaminándonos hacia algo más específico que nos permita aclararnos la cabeza y realmente pensar. Salgamos de la definición restringida que no necesita mayor explicación, y conduzcámonos hacia una definición ampliada, más profunda y a la vez más específica.

Así como la definición restringida o generalizada se limita a considerar a la violencia básicamente en sus manifestaciones más evidentes (a las formas visibles, como la violencia física, o las más disruptivas), una definición específica y ampliada trata de abordar expresiones que no necesariamente se encuentran plasmadas en el código penal, pero que al ocurrir generan trauma y dolor. Eso nos permitirá comprenderla mejor, pues al acercarnos y explorar lo que ocurre en nuestras vidas cotidianas, notaremos que muchas veces acontece sin que nos percatemos.

A lo largo de estas páginas entenderemos la violencia como *el accionar (a través del acto o la palabra) ejercido por un ser humano (al que llamaremos en adelante perpetrador o victimario) que implica un exceso o un abuso de poder (que puede ser visible o invisible a simple vista) sobre otro (al que llamaremos víctima) que está en posición desventajosa, por ser más débil o vulnerable, y al que el primero busca someter por la fuerza (física o psicológica) con el afán de dañarlo, humillarlo, lastimarlo o destruirlo, y donde el perpetrador obtiene una ganancia malsana por ello.*

En este punto cabe subrayar que para que alguien ejerza la violencia hay dos aspectos que están en juego: la impunidad (o falta de ley, normatividad o límites, que regulen y ordenen la relación de los seres humanos entre ellos) y el uso del miedo como instrumento fundamental para el ejercicio de la violencia.

Un elemento esencial en la violencia es el daño, que puede ser tanto físico como psicológico, y claramente visible (como en el caso de la violencia física) o invisible (a simple vista) y pasar muchas veces desapercibido, en ocasiones incluso para la propia víctima. El daño puede manifestarse de múltiples maneras y se asocia, igualmente, a variadas formas de destrucción: lesiones físicas, humillaciones, amenazas, rechazo, negligencias, etcétera. Es destacable también el entramado o tejido de desconfianza y miedo sobre el que se construyen las relaciones interpersonales cuando están basadas en la violencia. Aquí está también el origen de muchos problemas en las relaciones grupales, bajo formas como la polarización, el resentimiento o el odio, que a la vez perjudican las redes comunitarias y sociales.

Cuando nuestro monstruo asoma la cabeza, no necesariamente es por algo ya consumado y confirmado. No siempre nos devora de un bocado y de manera escandalosa, como podrían hacernos pensar las noticias que vemos diariamente en la televisión. No cabe duda de que allí la hidra abre descomunalmente sus fauces y devora sin compasión, en hechos indiscutibles y nada sutiles. Pero hay eventos que provienen del mismo monstruo: son otras de sus cabezas (para seguir con nuestra alegoría), que, si bien son menos chillonas o gritonas, son silenciosas e invisibles a simple vista y tienen lugar en la cotidianidad de nuestras vidas, sin que necesariamente nos percatemos del gran daño que hacen. Son hechos de violencia que solemos pasar por alto porque nos hemos habituado a ellos, pero que son tan feroces y perniciosos como la peor dentellada de la hidra. En esos casos, la violencia puede manifestarse como una amenaza sostenida y duradera, causante de daños psicológicos a mediano y largo plazo a quienes la padecen, y que tarde o temprano tiene repercusiones negativas en la colectividad.

ASOMÉMONOS POR ESTA VENTANA

Recurro a este ejemplo con la idea de que el lector trate de advertir algunas de las maneras, tanto visibles como invisibles, que tiene la violencia para manifestarse en la circunstancia de vida de una familia.

Jorgito es un niño de cinco años que vive con su joven madre, Lola, en un departamento minúsculo en una zona de clase media baja. Es hijo único de una relación que tuvo la mujer con un hombre que, al saber de su embarazo, la dejó. Y no sólo eso, sino que le enfureció que ella decidiera seguir adelante con su embarazo (lo hizo más que nada porque sus padres le enseñaron que el aborto era pecado) y propagó entre sus amigos y conocidos que ese hijo no era suyo, que Lola era una mujer "fácil" y que "quién sabe quién" era el padre. Por supuesto, Lola sabe muy bien que el padre de Jorgito es él, pues no tuvo relaciones sexuales con nadie más mientras fueron novios. En realidad también él lo sabía.

Cuando los padres de Lola se enteraron de su embarazo, la insultaron, la golpearon y la corrieron de casa por su "inmoralidad". Después de esto, Lola pasó varios días en casa de una amiga, que la hospedó apenada por su circunstancia, pero no duró mucho, pues la madre de esta amiga le exigió sacarla de ahí porque no podía estar manteniendo a "una cualquiera". Lola no ha terminado la prepa: tuvo que interrumpir sus estudios cuando su padre se quedó sin trabajo y ya no pudo mantenerla.

Con su poca preparación, a Lola no le es fácil conseguir un empleo. Intenta en un supermercado como cajera. Tiene que mentir sobre su embarazo, pues en ese puesto no admiten a mujeres embarazadas. Un día que Lola se siente mal y se desmaya, el gerente advierte su estado. Le asegura que no dirá nada, que puede continuar en el puesto... y que va a "protegerla" si accede a tener relaciones sexuales con él. Muy pronto Lola tendrá que buscar otro empleo. Finalmente, una tía que conoce su situación la invita a vivir con ella y le consigue trabajo en una farmacia. Semanas más tarde nace Jorgito en un hospital público. Después del parto, Lola empieza a sentirse mal y a tener fiebre alta. Los doctores le dicen que no es nada, que ya se le va a pasar, pero ella los oye murmurar ante su cama, cuando la creen dormida, que "está medio loca", que ha de tener depresión posparto, y le administran calmantes sin consultarla. Pasa horas dormida sin comprender qué le pasa y sintiendo que su malestar empeora. Las fiebres continúan y no puede amamantar a su bebé, que llora sin parar. Al final descubren que las fiebres son producto de una infección de origen desconocido.

Pocos días después, Lola expulsa unas gasas que los parteros han "olvidado" en el útero. Para entonces ya se le cortó la leche y le es imposible amamantar a su bebé. Se lo deja a su tía para ir a trabajar y así poder comprar leche, pañales, mamilas. Pronto tiene que dejar al pequeño en una guardería del Estado, donde Jorgito empieza a manifestar una dermatitis. Una de las cuidadoras acostumbra zarandearlo cuando él no consigue controlar los esfínteres. Pero Jorgito no puede decir nada porque todavía no ha aprendido a hablar.

Y así la van llevando, hasta que a los cinco años a Jorgito le da por hacer berrinches continuos. Llora por cualquier cosa. Puede pasar horas berreando sin que Lola pueda calmarlo. Ha intentado con todo: gritos, golpes, amenazas. Algo que le ha funcionado es dejarlo encerrado en un clóset, a oscuras, hasta que el niño, agotado de tanto llorar, termina por dormirse. Lola no entiende por qué su hijo le salió así. Ella, que lo ha cuidado tanto, que se ha "sacrificado" por él, se siente muy adolorida, y a veces arrepentida, de haberlo traído al mundo.

Dejemos aquí esta historia, que elegí a modo de ejercicio para que el lector detecte el número de hechos de violencia que hay en ella. Yo conté alrededor de veinte, que van de las formas visibles o evidentes a otras invisibles y nada obvias. En una de esas, el lector encuentra incluso más. Entre las que yo detecto, destaco las siguientes.

Violencias visibles o evidentes: los golpes e insultos propinados por los padres hacia la mujer embarazada (y podríamos decir que, de cierto modo, también hacia el bebé que lleva dentro); los insultos difamatorios del novio; el maltrato que sufre Jorgito en la guardería y, más adelante, el que ejerce sobre él la propia madre cuando quiere calmar sus berrinches.

Violencias invisibles o no tan evidentes a simple vista: el abandono y desamparo material y emocional al que el novio de Lola somete a ella y a su propio hijo; la difamación; el rechazo y enjuiciamiento, abandono y desamparo material y emocional que ejercen sobre Lola sus propios padres; el ser desamparada y juzgada por la madre de la amiga; el no haber podido ejercer su derecho a la educación por falta de recursos materiales, y la marginalidad laboral subsecuente; la marginación laboral por estar embarazada; el acoso sexual a cambio de favores por parte de un "superior" en el trabajo; el maltrato descalificatorio de los médicos; la negligencia médica expresada en el "olvido" de las gasas; el abuso médico al administrarle medicamentos sin su consentimiento; el no poder ejercer su maternidad en un ambiente que permita al bebé ser criado de manera saludable.

Señalaré por último que la indiferencia, el desinterés y la apatía hacia la circunstancia de otra persona son también formas de violencia. Menos evidentes o visibles que las que dejan marcas notorias en el cuerpo, pero estas otras también dejan cicatrices o heridas profundas en el alma de un ser humano. Y como el lector podrá advertir, son incluso más numerosas que las visibles o evidentes.

¿Innata o adquirida?

"¿Por qué 'me salió' así?", pueden preguntarse Lola o cualquier padre o madre de familia cuando en sus hijos se manifiestan conductas difíciles, particularmente de carácter violento. Maestros, médicos y muchos de estos padres pueden llegar a estar de acuerdo con que una "buena" medicación acabará con los síntomas, y santo remedio. En el tercer capítulo nos detendremos en este tema; por lo pronto quisiera analizar la idea generalizada de que las reacciones violentas tienen un carácter "genético" y que la personalidad violenta es hereditaria. En mi opinión, esa creencia sirve para autotranquilizarse y eludir responsabilidades de los adultos, y de la sociedad en su conjunto, frente a los dramáticos síntomas de violencia que puede presentar una persona ya sea un niño, joven o adulto.

Ahora bien, los biólogos saben que no hay pruebas científicas de que la violencia esté en los genes o sea un rasgo de personalidad innato. No hay tal cosa como un gen de la violencia. Hubo, sí, una época en que se creyó que los criminales de alta peligrosidad tenían un doble cromosoma "Y", pero pronto la genética descartó esas ideas. Además, numerosas investigaciones realizadas en el campo de la psicología clínica arrojan gran cantidad de evidencias sobre la importancia del ambiente en las manifestaciones de nuestro monstruo. Los experimentos con gemelos son especialmente reveladores, y ante la pregunta de "¿naturaleza o cultura, innato o adquirido?" suelen apoyar la postura de que en estos asuntos pesa más la cultura que la naturaleza. Cuando se ha criado por separado a gemelos idénticos, dos personas que tienen exactamente la misma carga genética, se ha observado que, si bien comparten ciertos rasgos de carácter, tienden a desarrollar personalidades muy divergentes entre sí, sin duda debido al influjo que han tenido en ellos los distintos ambientes en que se desenvuelven.

El medio ambiente es un detonante, más allá de las predisposiciones con las que nazca un ser humano. La violencia puede instalarse desde la infancia (ya veremos más adelante cómo ocurre esto), pero eso no significa que el bebé nazca con ella. No obstante, vicisitudes de esos primeros momentos del desarrollo psíquico pueden dar lugar a que la violencia se vuelva un aspecto constituyente de la personalidad, que se acciona o detona mediante experiencias que reavivan otras similares ya vividas. La psicoanalista Yolanda Gampel, quien ha investigado los efectos transgeneracionales de la violencia de Estado sobre la vida de los individuos, sostiene que la expresión de la violencia, en su ir y venir entre el individuo y la sociedad, tiene un carácter "radioactivo".

Por ahora ajustemos el lente y sigamos con la exploración de lo que conforma el fenómeno de la violencia y acerquémonos a las entrañas de nuestro monstruo a través de un ejemplo literario.

Para enfocar otras "caras" de la fiera

Nos ayudará a seguir desgajando nuestro tema la célebre novela *El señor de las moscas (Lord of the Flies)*, del escritor británico y premio Nobel de literatura en 1983 William Golding (que también dio lugar a una película con el mismo título). Publicada en 1954, es su obra más conocida y se la considera un clásico de la literatura inglesa de la posguerra.

En prácticamente todos sus escritos, Golding destacó la violencia como un espacio en el que se ponen de manifiesto las ambigüedades y fragilidades de nuestra civilización. La mayor parte de sus textos exploran los dilemas morales y las reacciones de las personas cuando son sometidas a situaciones extremas. Otra recurrencia en su obra es el polémico tema de la crueldad, que a su juicio es una característica inherente al ser humano.

Recordemos el argumento de *El señor de las moscas*. Los protagonistas son un grupo de niños ingleses que a raíz de un accidente aéreo, del que son los únicos sobrevivientes, quedan varados en una isla desierta. Estos niños, de varias edades (y que la novela no nos dice exactamente cuántos son), se ven obligados a buscar la supervivencia sin ningún adulto que los ayude ni oriente. En esos empeños van surgiendo en ellos ciertos rasgos que el autor toma como alegoría de la condición humana.

Ralph y Piggy, dos de los chicos mayores, encuentran una caracola y usan el ruido que se produce al soplar por ella para reunir al resto de los náufragos. Desde ese momento, la caracola será utilizada como símbolo de poder y autoridad: quien la tome entre sus manos tendrá derecho a decir lo que piense sobre cualquier asunto, y el resto deberá atenderlo en silencio. La caracola es lo que los reúne como "sociedad": lo que los ayuda a organizarse, a ordenarse como grupo, y representa la posibilidad de regular el vínculo entre ellos. Cada vez que los chicos necesitan tomar decisiones que les conciernen a todos, alguno hace sonar la caracola y el grupo completo se acerca a una plataforma donde, ya reunidos, van tomando la palabra, siempre con la caracola en la mano, para ir planteando y resolviendo los problemas que se les presentan.

Así discuten, por ejemplo, quién será el jefe (dos de los mayores disputan el rango); acuerdan mantener un fuego encendido a fin de que, si un barco pasa cerca de la isla, a la distancia se vea la estela de humo y entonces puedan ser rescatados, o discuten sobre la necesidad de construir refugios contra las tormentas y los peligros que pudieran acechar. Es decir, buscan cuidarse y protegerse entre todos para sufrir menos las inclemencias.

Posteriormente se dividen en pequeños grupos: uno de ellos se declara como el grupo cazador, encargado de ir tras una piara de jabalíes, cazar alguno y así conseguir carne para comer (además de fruta, que hay en abundancia). Otro grupo es el encargado de construir los refugios, y otro más tiene la responsabilidad de mantener el fuego encendido. Cuando Ralph es elegido como líder, pese a que Jack con sus ansias de poder deseaba esa posición, tranquiliza a su oponente dejándolo a cargo del grupo de cazadores. Poco a poco el asunto se vuelve más complejo, pues surge una enorme rivalidad entre ambos líderes. Jack va volviéndose más y más intolerante, más y más feroz (de tal modo que el narrador empieza a referirse a su grupo de cazadores como "los salvajes" y deja de llamarlos "niños"). Me interesa reproducir un diálogo que ocurre en cierto punto de la novela, cuando Ralph y Jack discuten sobre el tema de las reglas:

—¡Las reglas! —gritó Ralph—. ¡Estás rompiendo las reglas!

—¿Y qué importa? —gritó Jack.

Ralph apeló a su propio buen juicio:

—¡Las reglas son lo único que tenemos!

Jack le rebatía a gritos:

—¡Al cuerno con las reglas! ¡Somos fuertes… cazamos! ¡Si hay una fiera iremos por ella! ¡La cercaremos y con un golpe y otro, y otro…!

Después de esa escena, la asamblea se disuelve y la mayoría de los niños salen corriendo hacia la playa en un griterío frenético y caótico, y aluden a la cacería entre risas de excitación y miedo. Y es que la cacería de jabalíes les despierta una profunda violencia, una sed de sangre.

Una presencia amenazante, a la que todos llaman "la fiera" pero que nadie ha visto, empieza a cobrar cada vez mayor fuerza en la historia. Dicha "fiera" tiene muchas semejanzas con el monstruo del que hemos estado hablando: una bestia al acecho, que simboliza la violencia que aguarda en silencio, agazapada en la oscuridad, y que a final de cuentas resultará estar más cerca de lo que suponemos.

Piggy, un personaje que suele detenerse a pensar y se anticipa a los acontecimientos que pueden dañar al grupo, hace una inteligente reflexión sobre la fiera:

> —Sé que no hay una fiera… con garras y todo eso, quiero decir, y también sé que no hay que tener miedo.
> —A no ser que…
> Ralph se movió inquieto.
> —A no ser que, ¿qué?
> —Que nos dé miedo la gente.

Piggy intuye que la fiera no tiene una existencia real como un animal, sino que tiene que ver con el temor a lo que pueda aparecer *en* y *entre* ellos mismos. La fiera acechante se encuentra mucho más cerca de lo que se imaginan, y termina por ser, en realidad, mucho más peligrosa y temible; su inquietante presencia va cobrando mayor fuerza, muy de la mano de la extinción de la hoguera, que es también símbolo de reunión, de calor de "hogar" y de vínculo con la civilización de la que vienen y a la que quisieran regresar.

Si el lector lo permite, detengámonos un momento en la etimología de la palabra *hogar*, que en este contexto cobra mucho sentido. *Hogar* proviene del latín *focus*, origen de la palabra castellana *fuego*.

Focus significa tanto *fuego* como *brasero, hoguera* y *hogar*. Esto nos remonta al inicio de la cultura occidental: al importante culto al fuego entre griegos, latinos y pueblos indoeuropeos. En cada casa había siempre una hoguera encendida: una llama viva que era presencia sagrada. La familia se congregaba alrededor de ella para tener luz y calor. Desde allí puede pensarse que el fuego tiene su trascendencia en la historia como símbolo de reunión y vínculo humano.

Volvamos a la isla de *El señor de las moscas*. El reflexivo Piggy le explica a Ralph cómo se siente en presencia de Jack.

> —Le tengo miedo, y por eso lo conozco. Si tienes miedo de alguien lo odias, pero no puedes dejar de pensar en él. Te engañas diciéndote que de verdad no es tan malo, pero luego, cuando vuelves a verlo… Es como el asma, no te deja respirar.

En el fondo, Piggy se da cuenta de que el miedo que le tiene al maltratador es lo que lo mantiene unido a él.

El grupo se divide, y del lado de Ralph y la caracola (que, como vimos, representa la reunión social a través de acuerdos y reglas) quedan tan sólo dos o tres niños, entre ellos Piggy. El resto, poco a poco, llevados por el hambre y el miedo, se van yendo del lado de los "salvajes" que encabeza Jack, quien a esas alturas ya se ha vuelto un líder despótico y autoritario que da de comer la carne que caza a cambio del sometimiento incuestionable a sus designios.

Los pocos que quedan en el grupo de Ralph insisten en conservar la "legalidad" y mantener a la fiera a raya. Se dan cuenta de que para eso es importante cuidar que siempre esté encendida la hoguera (pues es lo que los librará del salvajismo) y acudir al llamado de la caracola. La frágil legalidad a la que Ralph y Piggy apelan termina por romperse cuando, en un acceso de locura grupal en la que incluso ellos mismos participan, se comete un asesinato. "El aire estaba cargado de cosas inconfesables que nadie se atrevía a admitir", dice el narrador.

Cuando ya han fracasado todos los intentos de dialogar y mantener la unión a través del fuego encendido para su rescate, a ese asesinato seguirá otro. La caracola como el símbolo de la cohesión del grupo, del intento de conservar algo de civilización, en cierto momento sale volando por los aires y queda hecha trizas en el suelo. Ya Piggy lo había anunciado al presentir que si dejaban de hacer caso al llamado de la caracola, todo se habría acabado: "Ya no habrá hoguera. Seremos igual que los animales. No nos rescatarán más."

A lo largo de toda la novela, Golding explora dos temas en particular: la civilización contra la barbarie y la pérdida de la inocencia infantil. Es una alegoría en la que cada personaje representa diferentes aspectos de la naturaleza humana: Ralph, el orden y la civilización; Piggy, la razón y cordura de la sociedad; Jack, el deseo de poder y la maldad; Roger, la crueldad y el sadismo en su mayor escala; Simon, un personaje cándido, parece representar la bondad natural del hombre, blanco preferido de la "fiera". El miedo, la falta de ley y la impunidad se abren camino en la trama de esta historia y demuestran ser piezas clave de la manifestación de la violencia y, sobre todo, de su reproducción.

La falta de legalidad, la impunidad y el miedo como parte de la producción y reproducción de la violencia

En teoría, derecho y violencia son opuestos. Es más, el derecho surgió en un intento de hacer frente a la violencia, dado que, como todos sabemos, los conflictos entre los hombres suelen tratar de "resolverse" recurriendo a ella. En la antigüedad, los conflictos y rivalidades se zanjaban en luchas donde lo importante era que alguno de los oponentes mostrara la superioridad de su fuerza física (tal y como vemos saldarse las rivalidades en el reino animal). A partir de esta dominación, se ejercía la voluntad del ganador. Más adelante en la historia de la humanidad, la fuerza muscular se reemplazó por la utilización de herramientas y armas. Quien las empleaba con mayor habilidad salía victorioso. De manera paulatina, la superioridad mental ha ido ocupando el lugar que antes tenía la fuerza bruta. Esto no significa que esa fuerza haya dejado de predominar en algunos importantes aspectos de los vínculos humanos. Incluso se dan complejas asociaciones entre el intelecto y la fuerza bruta: ahí tenemos la industria de armamentos, con sus "grandes e innovadoras" ideas.

En el curso del desarrollo de la humanidad, el empleo de la fuerza bruta para dominar fue modificándose hasta que la violencia empezó a regularse a través del derecho. La base de éste estriba en la reunión de varios para oponerse a la fuerza de uno o unos pocos. El derecho es el poder de una comunidad que se organiza a través de la promulgación de leyes, normas o acuerdos que impiden el surgimiento de las violencias que pretendan quebrar sus vínculos. Las leyes de esa asociación comunitaria suponen que el individuo debe renunciar a una libertad irrestricta a favor de una libertad con determinados límites. Precisamente a eso se refiere la célebre sentencia de Benito Juárez: "Entre los individuos, como entre las naciones, el respeto al derecho ajeno es la paz", o esa otra frase que dice: "Mi libertad termina allí donde inicia la libertad del otro". La justicia es la vía por la que el Estado se hace cargo de la administración de esas fuerzas encontradas y, en contra del primitivo "Ojo por ojo, diente por diente", impide que quienes fueron víctimas de violencia cobren venganza por su propia mano. No obstante, sabemos bien que esto ocurre en la teoría, mas no siempre en la práctica. Qué podemos decirle que no sepa al lector que conoce la situación actual de México y percibe que el Estado ha perdido su capacidad de cumplir con su obligación de garantizar la seguridad e impartir justicia, o al lector que ha presenciado cómo, en algunos estados del país, grupos paramilitares (llamados "autodefensas") pretenden "tomar la justicia en sus manos" para hacer frente a la invasión del crimen organizado en cada vez más esferas de la sociedad. También es cierto que, en ocasiones, las leyes no toman como referencia un código de ética universal, sino que son hechas por los dominadores en perjuicio de los dominados. O si se tienen leyes justas, que promulgan derechos igualitarios y justicia para todos, muchas veces eso se queda en el papel y no siempre es respetado en la realidad. Cuando la sociedad se ve obligada a hacerse cargo de lo que el Estado no consigue controlar, se entra en una espiral de violencia. Esos vacíos de legalidad quedan peligrosamente en manos de mafias que operan impunemente, en complicidad con la supuesta "justicia". En este país hemos sido testigos, y en ocasiones partícipes, de una degradación de la legalidad derivada de años de impunidad, robo, corrupción, pérdida de valores éticos y, por ende, de cuidado por el semejante. Todo esto trae como consecuencia una creciente deshumanización. Y la impunidad genera un sentimiento descorazonador de que no se hace justicia: que quien abusa, violenta y transgrede los acuerdos sociales básicos y las normas de convivencia puede seguir haciéndolo sin que pase nada. Eso provoca una gran desesperanza y una falta de confianza en la palabra humana. Esto es sumamente grave. Sin leyes justas cuyo cumplimiento se garantice en todos los campos de la vida comunitaria, la convivencia entre las personas se degrada irremediablemente.

Reproduzcamos de nuevo el diálogo de *El señor de las moscas* donde Ralph y Jack se disputan el liderazgo del grupo desde posiciones completamente distintas:

—¡Las reglas! —gritó Ralph—. ¡Estás rompiendo las reglas!

—¿Y qué importa? —gritó Jack.

Ralph apeló a su propio buen juicio:

—¡Las reglas son lo único que tenemos!

Y Jack le rebatía a gritos:

—¡Al cuerno con las reglas! ¡Somos fuertes… cazamos! ¡Si hay una fiera iremos por ella! ¡La cercaremos y con un golpe y otro, y otro…!"

En efecto, las reglas son lo único que tenemos. Sin ellas quedamos a la deriva de nuestros propios impulsos, que no siempre son precisamente altruistas o amorosos.

En la novela de Golding, seguir o no seguir las reglas, y cuáles reglas se siguen, es uno de los ejes centrales de la historia y da lugar a un importante vuelco en la trama. Por un lado están Ralph y Piggy, que si bien son muy diferentes, están unidos por la común preocupación de sostener al grupo a través de acuerdos, de reglas consensuadas que permitan la convivencia, el respeto por el otro y nada menos que la supervivencia. Por otro lado tenemos a Jack, que rápidamente se apuntala como el personaje más egoísta, el más impulsivo y autoritario. Él solamente desea hacer valer *su* autoridad, *sus* deseos, *su* manera de ver la realidad. Lo que ocurra con los otros le tiene sin cuidado, salvo en la medida en que ellos le sirvan a él para sus propósitos; es decir, los des-subjetiviza (o, lo que es lo mismo, los deshumaniza, pues lo humano está en nuestra singularidad, nuestra subjetividad) y desconoce cualquier pacto intersubjetivo entre ellos en el que rija la ética. Por eso "manda al diablo" las reglas, las frágiles reglas que los niños náufragos a duras penas han logrado erigir, y somete a los que se dejen a las que él mismo imponga. Para dominarlos echa mano del proteccionismo (si quieren comer carne, lo necesitan a él) y de la lógica del miedo o, mejor dicho, del terror (si no hacen lo que él dice y quiere, los puede matar).

No se necesita estirar mucho el argumento de la novela para interpretar que Jack crea una especie de "cártel". El apelativo de "salvajes" que les da el narrador obedece a que adquieren ciertas características tribales (se pintarrajean la cara, se atan el pelo largo y desgreñado en una coleta, andan semidesnudos). Jack es amo y dueño de esa tribu gracias a sus dotes de cazador y porque les da carne a los hambrientos. Además castiga, tortura y somete a quien se atreve a contradecir sus órdenes. Al leer la novela presenciamos cómo los niños van mimetizándose con este dictador y lo siguen a ciegas, empujados por el miedo y el hambre. Si Jack es "la ley" (es decir, no hay una ley más allá de él, que también lo regule y le ponga límites a él mismo), los miembros del grupo terminan avalándolo y sometiéndose a los caprichos de su violencia. Paulatinamente se des-subjetivizan y pierden su individualidad. Se crea así un grupo de peligrosos esclavos que han dejado de pensar por sí mismos y que actúan en función de lo que el amo ordena. Hay trampa y engaño; hay ausencia de límites y reglas que se apliquen por parejo a todos, incluido por supuesto el propio líder.

Exactamente de la misma manera funciona en nuestra sociedad la transgresión de la ley acompañada de impunidad. Recorren nuestro país de cabo a rabo crímenes cometidos no sólo por la delincuencia organizada, sino muchas veces por nuestros mismos gobernantes y "representantes" en puestos de poder, que gozan de privilegios ilegales teñidos de corrupción, creyendo que están por encima de las reglas. Hay que repetirlo y subrayarlo: que esa corrupción e impunidad formen parte de nuestra vida cotidiana y llegue a verse como algo normal tiene profundas y gravísimas implicaciones en el tejido social y en nuestras subjetividades. Si los gobernantes trampean, y los adultos enclavados en un sistema repleto de corrupción también le entran al juego y hacen trampas, mienten y engañan, ¿cómo un niño puede llegar a conocer y aprender a valorar otros modos de relación? Si haciendo trampa se logra cualquier cosa y se obtienen beneficios, ¿qué más da que sea a costa del daño a otros? Si un niño nace, vive y crece rodeado de una cultura de la transa y la impunidad, es muy difícil que internalice un límite que le ayude a guiarse hacia otro lado.

Como nos preocupa nuestra seguridad, levantamos bardas muy altas alrededor de nuestras casas, cerramos nuestras calles, ponemos cámaras en las escuelas; el gobierno, por su parte, gasta un presupuesto enorme en policía y armas para "combatir" la violencia. Pero todo esto es como tratar de tapar el sol con un dedo: se está poniendo el acento en un lugar que no corresponde. Como la psicoanalista argentina Silvia Bleichmar, pienso que el acento debería estar en la impunidad: es la legalidad lo que está resquebrajado, y con impunidad no hay modo de hacerla valer. Nunca insistiré demasiado: la legalidad, su carencia o ausencia, trasciende en las subjetividades, especialmente en las que están en ciernes: las de los niños (nos detendremos en la subjetividad y su relación con los límites en las secciones sobre el desarrollo y la educación infantil).

En un marco donde prevalece la impunidad por encima del respeto a la ley nos topamos con una persistencia generalizada de sentimientos de temor, indefensión e inseguridad, así como vivencias persecutorias y un paulatino deterioro de la personalidad, que se va empobreciendo profundamente. La transgresión sistemática de las leyes, cuando además de todo permanece impune, afecta de manera dramática los lazos e ideales sociales fundados en el bien común y el cuidado del otro. Además, cuando explícita o tácitamente se valida un tipo de convivencia violenta y abusiva, se refuerzan en los sujetos modos de funcionamiento mental que los hacen sentirse omnipotentes: es un mecanismo de defensa muy primitivo del psiquismo humano.

Desde el psicoanálisis decimos que la impunidad ataca al orden simbólico y hace que el sentido de las personas se pierda, en tanto que es un rechazo del pensamiento, de la reflexión, así como del proceso de hacer justicia y encontrar verdad sobre asuntos que nos atañen como sociedad. La impunidad ataca lo que nos funda como comunidad de hombres.

Algo que puede revertir, o al menos frenar, la impunidad reinante es subrayar claramente la distinción entre lo que es legal y lo que no lo es. Cuando estas distinciones se anulan, desaparece el sentido que nos reúne como sociedad y perdemos la perspectiva del futuro. Naturalmente, nuestros niños también se pierden en ella.

Como sociedad, tenemos la enorme responsabilidad de mantener encendido ese fuego: nos toca a nosotros hacer que prevalezca la legalidad. Claro que no es poca cosa, tomando en cuenta el altísimo porcentaje de la población que tiene una deteriorada confianza en lo legal, si es que no la ha perdido por completo. Semejante hazaña implicará un esfuerzo enorme por parte de todos, o al menos de la inmensa mayoría.

Ralph tiene toda la razón: lo único que tenemos son las reglas. El fondo del asunto está en qué hacemos con ellas, y en si como ciudadanos podemos defenderlas. No lo olvidemos: cuando la impunidad se perpetúa, cuando no se hace frente a los crímenes e injusticias desde la legalidad, éstos tienden a repetirse, una y otra vez, sin parar.

La violencia y el miedo

Hay entre la violencia y el miedo una relación profunda: éste se encuentra en el centro mismo de la posibilidad de que aquélla se ejerza o no.

Recordemos las palabras de Piggy al describir lo que sufre con Jack:

> Le tengo miedo, y por eso lo conozco. Si tienes miedo de alguien lo odias, pero no puedes dejar de pensar en él. Te engañas diciéndote que de verdad no es tan malo, pero luego, cuando vuelves a verlo... Es como el asma, no te deja respirar.

Declara Fernando Savater, en una entrevista, que entre las cosas que más teme está la de vivir permanentemente atemorizado. En efecto, nos da miedo tener miedo. Saber o creer que el peligro acecha nos limita, nos coarta, nos encierra, nos inmoviliza. Pero ¿exactamente en qué consiste ese sentimiento paralizante?

Sigmund Freud detecta dos tipos de miedo: el miedo real y el miedo neurótico. El miedo real se presenta cuando existe un peligro también real, comprobado, ante el cual la integridad corre riesgo. Si volvemos a la isla de *El señor de las moscas*, en el momento en que se desencadena una tormenta descomunal, con rayos y centellas, los chicos tienen razones reales para temer que les caiga encima un relámpago. No es una simple imaginación sin mayor sustento. Saben que eso perfectamente puede ocurrir en una isla desierta donde no hay pararrayos. Se trata de un miedo racional, de alerta, que coloca al sujeto en actitud de huida.

El miedo neurótico, por su parte, es irracional. Cuando se produce, no hay un peligro "real", visible, que pueda suponer una amenaza para la vida. Este miedo se experimenta ante algo que, imaginado o fantaseado, pertenece más al orden de las sensaciones e impresiones que al de la realidad. Quien lo sufre padece también mucha inseguridad, y su vida se va limitando a espacios y situaciones que no se relacionan con su miedo. Son miedos neuróticos las conocidas fobias: claustrofobia (temor irracional a los espacios cerrados), agorafobia (temor irracional a los espacios abiertos), acrofobia (temor extremo a las alturas), entre muchas otras.

Entre los personajes de la novela de William Golding se desencadena un miedo colectivo a la fiera. Sin ser propiamente una fobia como tal (pues eso entraña elementos subjetivos que no es éste el espacio para revisar), el temido ser, al que nadie ha visto y cuya existencia es una suposición alimentada en grupo, es objeto de un miedo colectivo que le otorga a Jack, el líder autoritario, una ventaja sobre el resto de los niños desde que se da cuenta de que puede usarlo para controlarlos y someterlos a sus órdenes.

Cuando una persona experimenta inseguridades como las fobias, tiene la fantasía de que puede pasarle algo, pero no sabe bien a bien cómo puede pasar, ni la forma específica del objeto de su miedo. Esa fantasía se puede alimentar de lo que le digan otros (en una especie de contagio colectivo) sobre su particular "fiera". El monstruo amenazante produce, en un sujeto o en toda una colectividad, el estrechamiento de los movimientos independientes, cuando no la parálisis, ya sea real, imaginaria o una combinación de las dos.

La ya mencionada psicoanalista Silvia Bleichmar plantea una distinción interesante entre miedo y terror. Dice ella que cuando tenemos miedo, no sólo sabemos qué es eso que tememos, sino que podemos aprender cómo defendernos de ello. En cambio, el terror es saber a qué se teme pero sin posibilidad de defenderse. La posibilidad de ser víctimas del crimen no nos da miedo sino terror, pues es real, y no sabemos cómo hacer para defendernos de su desmedida violencia.

El terror también puede convertirse en una modalidad de control social, que opera desde los lugares donde se detenta el poder y va atravesando a las personas. La propagación de enfermedades "mortales" (muchas de ellas auténticas invenciones) que obligan a los miembros de una colectividad a mantenerse encerrados o limitar el intercambio y el encuentro con otros, es una manera de crear una "fiera" y colocarla en un lugar determinado (en la enfermedad supuesta y su contagio) como manera eficaz de apaciguar y someter a una población. Desde tiempos inmemoriales éste ha sido un mecanismo de control social y de distracción cuando los poderosos quieren ocultarle algo a la colectividad. Son modos "sutiles" del ejercicio de la violencia de Estado. Y es justamente el terror lo que asegura el sometimiento, pues frena la toma y ejecución de decisiones.

Estamos muy atentos al tema de la violencia ejercida por la delincuencia organizada. El fenómeno atrapa toda nuestra atención, pues nos concierne y amenaza de una u otra forma. Mientras tanto, en los medios se habla poco de otras violencias, mucho más cotidianas y que tocan los intercambios sociales, y que están emparentadas de raíz con la emergencia de grupos delictivos. Estoy hablando de la violencia que se ejerce en la sociedad cuando hay una gran desigualdad económica y social, desigualdad que inevitablemente se traduce en diferencias de oportunidades.

El lector aceptará que la pobreza extrema constituye una violencia social. Ésta a su vez engendra múltiples violencias que se van propagando, como precisamente la violencia que se encarna en las agrupaciones delictivas. ¿Cuántos "ninis" o jóvenes que ni estudian ni trabajan han engrosado las filas del crimen organizado? ¿Cuántos desempleados sin esperanzas o hartos de la pobreza no se adentran en esos lóbregos callejones sin salida? "Antes muerto que pobre", se les oye repetir. Hay que reflexionar sobre el camino que lleva de la pobreza al crimen, sin perder de vista que hay muchos otros factores en juego cuando hablamos de violencia social.

Volvamos al miedo y a la manera como responde a él la parte inconsciente de nuestra personalidad. Las estructuras de poder no desconocen estos mecanismos psíquicos y se aprovechan de ellos para llevar agua a su molino. Por estructuras de poder no me refiero sólo al poder que se ejerce desde ciertas cúpulas del Estado, sino también al que tiene una persona sobre otra, o a las maquinarias sociales más amplias en las que puede incubarse un fenómeno multifactorial como el de la delincuencia organizada.

¿Será que en nuestra sociedad ya no hay derecho a tener simplemente miedos privados, esos que pueden atravesar a cualquiera de nosotros y que tienen sus raíces en nuestras vivencias más íntimas, esos que suelen aparecer de maneras más claras en un clima de paz? En un clima de guerra como el de México (aunque la guerra no sea explícita) y otros países, imperan los miedos colectivos que arrinconan y asfixian. En este país, hasta ahora no hemos visto que se tomen medidas eficaces para atacar la violencia desde sus mismos orígenes. Más bien hemos sido testigos de que por cada cabeza que se le corta al monstruo, le salen dos más.

¿El miedo individual puede propiciar la propagación de la violencia?

Un niño o un adulto quedan a merced de la violencia no sólo porque no puedan o no se crean capaces de oponerse a ella, sino también en la medida en que su propio miedo la alimente. ¿Cómo? Porque, en busca de su propio alivio, el miedo puede empujarlos a usar a otros como víctimas. Allí donde alguien amedrenta a otro, amenazándolo o atemorizándolo, descarga sus propios sentimientos. Más adelante nos centraremos en estos mecanismos, pero por ahora destacaré cómo alguien que provoca miedo en otro muestra una versión dramatizada de su propio mundo interior: quien perpetra la violencia y busca generar miedo suele tener un mundo interior violento y terrible. Es posible que él mismo se encuentre habitado en su realidad psíquica por fantasías terroríficas, de las que prefiere "no saber nada" y que proyecta en otro, para así "aliviarse" de experimentarlas internamente. En este sentido la violencia es radioactiva: se propaga. Cuando se ha instalado en la manera en que un ser humano se relaciona con los demás, es habitual que la reproduzca en sus vínculos. Pero esto muchas veces se sostiene en una realidad ambiental que apuntala sus miedos. Cuando un individuo ve que es otro quien sufre por lo que él mismo podría sufrir, se alivia. Tan complicada y retorcida puede llegar a ser nuestra mente.

El miedo se revela así como un comodín que va y viene entre los seres humanos, y puede estar presente en cualquier vínculo. En los familiares, los laborales, los escolares, o bien en aquellos en los que participan gran cantidad de miembros de una comunidad. El miedo puede hacerse presente en lo que ocurre entre dos, o en lo que pasa entre miles o millones de personas que, por miedo, se repliegan en sus pequeños mundos, paralizados frente a cierta amenaza real o inventada. Vaya que es poderosa esta cara del monstruo: quienes ejercen la violencia a través del abuso de poder saben aprovechar muy bien esa arma que es el miedo. Para los grupos delictivos es una muy valorada moneda de cambio.

Otra manifestación del miedo alrededor de la violencia tiene que ver con que solemos ser conservadores: lo nuevo, lo desconocido, los cambios nos producen temores e inseguridades. Nos inclinamos a buscar la estabilidad, lo que ya conocemos. "Más vale malo por conocido que bueno por conocer"... Este conservador refrán refleja cómo muchas veces preferimos quedar instalados en una situación que incluso nos genera sufrimiento (por ejemplo, en una relación de pareja donde haya maltrato) que intentar movernos hacia otro lado que nos permita experimentar algo nuevo, menos sufriente, que abra perspectivas más vitales.

Queramos o no, vivir supone enfrentarnos continuamente al cambio. Los cambios siempre acontecen. Con todo, muchas personas dedican un gran esfuerzo a no moverse de donde están. En el nivel de lo psíquico, el miedo puede operar en una persona para obligarla a repetir incesantemente una modalidad de relación que genera enorme sufrimiento.

El miedo y las relaciones violentas

En las relaciones de maltrato y otras donde hay un vínculo violento y se da la mancuerna víctima-victimario, el miedo se instala para perpetuar el abuso, cuya condición de posibilidad es una relación desigual de poder. Una de las partes utiliza su posición ventajosa frente a la otra, básicamente atemorizando. Esa desigualdad de poder puede derivarse de la diferencia de edades, de tamaños, de fuerza, de capacidad económica, o de una situación de dependencia física, psicológica o emocional. El más poderoso usa su posición de ventaja para dominar y someter a través del maltrato, con la finalidad de producir un daño. En la gran mayoría de las ocasiones, el que ejerce el abuso obtiene un beneficio que se refleja en una satisfacción de corte sádico. El victimario no tiene cuidado por el otro; no le importan las consecuencias que sus actos tengan sobre él. Es más, muchas veces su placer y satisfacción se derivan justamente de que su víctima sufra; el sufrimiento del otro le provoca placer.

Se sabe que la mayoría de los perpetradores de violencia fueron en algún momento de su vida (sobre todo en su primera infancia) objeto de abusos por parte de alguien más. Allí se constituyó una modalidad de vínculo, un patrón de relación, que el antes abusado reproducirá en el futuro con quien se deje victimizar. Y este aspecto es importante: el perpetrador suele buscar activamente a una víctima, es decir, a una persona que *se deje* victimizar, que sea vulnerable y pueda caer en la red del miedo, o esté en tal condición de desventaja que sea posible abusar de ella. Esa mancuerna víctima-victimario puede persistir en el tiempo como un círculo vicioso (la más dramática manifestación de esta codependencia se resume —con cierto humor negro— en la frase satírica "Pégame, pero no me dejes"). El victimario puede ir agudizando sus prácticas hasta llevar a su víctima al suicidio, que es el caso más drástico de la experiencia de des-subjetivación. Por su parte, la víctima puede dejarse llevar hasta ese extremo, y no ser capaz de hacer nada por evitarlo, por miedo o por auténtico terror. Hay víctimas que llegan a tal grado de despersonalización y desvalorización de sí mismas, de sus recursos, de su propio ser, que terminan por perder el sentido de su propia vida.

Esta modalidad de relación se da a varias escalas. Puede ocurrir en el vínculo entre dos personas, o bien en el vínculo entre dos grupos sociales, donde por diversos motivos una de las partes abusa de la otra o la hace su víctima. Uno de los ejemplos más comunes en nuestra sociedad es el abuso de los hombres hacia las mujeres, que tiene su peor manifestación en los feminicidios y en la violencia de género. No menos común es el abuso de las clases socioeconómicamente poderosas sobre la no en balde llamada clase oprimida. Hay asimismo abusos raciales, religiosos, o de muchas otras índoles, motivados por el lugar donde se ubican unos con respecto a los otros y por condiciones socioculturales complejas y de larga historia.

Para que un vínculo de violencia se frene es imprescindible que intervenga la normatividad: las leyes humanas que prohíben el daño a los semejantes y que buscan protegernos. Cuando no hay nada ni nadie que diga "Basta" a ese vínculo enfermizo, aun cabe la posibilidad de que la propia víctima, con sus propios recursos, y porque no desea seguir siendo víctima, consiga librarse de su victimario. Puede sobreponerse al abuso usando la fuerza de su dignidad, es decir, venciendo el miedo. Quien lo logra es víctima circunstancial, no permanente. Lo triste es que, con mucha más frecuencia de la que quisiéramos, las víctimas no se muestran capaces de poner un alto o moverse de esa posición y se perpetúan en ese papel.

ASOMÉMONOS POR ESTA VENTANA

Un video que en 2012 empezó a circular en las redes sociales sirve para esclarecer estas diferencias entre la víctima permanente y la eventual. Vemos a un profesor ruso gritándole a una pequeña no mayor de ocho años, amonestándola por no haber sabido resolver cierto ejercicio escrito en el pizarrón. La grabación tiene toda la pinta de haber sido hecha a escondidas con un teléfono celular desde una banca del salón. El profesor le grita a la alumna y la amenaza de una manera que se percibe como hiriente y humillante aunque no entendamos sus palabras. Con franca intolerancia, le propina varios empujones, y la niña mantiene la cabeza gacha en una actitud corporal que evidencia su miedo. El maestro sube el tono de la agresión física y le da unos coscorrones en la cabeza con evidente saña. Entonces la niña llega a su límite y reacciona: le da al hombre una patada en los testículos, sale corriendo y desaparece por la puerta mientras el maestro se dobla de dolor.

¿No le parece al lector, como a mí, que el abusador se lo tenía merecido? ¿No siente ganas de aplaudirle a la niña que supo poner límite con sus propios medios (sean o no sean los "adecuados")?

En este ejemplo no cabe duda, en vista de la diferencia de tamaño, posición y edad, que se trata de un acto de violencia abusiva ejercida por un adulto en una relación desigual de poder frente a un niño. También está claro que esa niña es víctima circunstancial (al menos hasta donde se alcanza a percibir en el minuto de grabación): ella no se deja maltratar, y responde a las agresiones defendiéndose con energía para proteger, como mejor puede, su integridad. No sabemos cómo le haya ido después, pero esperamos que la normatividad de esa escuela prohibiera el maltrato de los profesores hacia los niños y que en este caso lo haya amonestado como correspondía. En otras palabras, ojalá que haya habido justicia, no impunidad. Y, pues sí, a la niña habría que decirle que no puede andar pateando a los profesores en los testículos... salvo en caso de emergencia y como defensa personal en situaciones extremas.

Cuando la víctima no puede oponerse, o si puede no lo hace

Lamentablemente, es muy frecuente que las víctimas no se opongan al maltrato. Lo peor, lo más triste de todo, es que en muchas ocasiones no sólo el perpetrador busca a su víctima, sino que también la víctima busca a su victimario o verdugo. Me imagino perfecto al lector brincando de su silla: "¡No lo creo, no puede ser! ¿Cómo alguien va a querer que lo maltraten?", dirá más de uno, indignado y a punto de cerrar el libro. Pero espere un momento: veamos cómo es posible algo aparentemente tan contrario a la razón. ¿Por qué a veces la víctima, incluso cuando está en condiciones de retirarse de esa situación, no lo hace? ¿Por qué algunas personas permiten que sus victimarios sigan haciendo de las suyas y las maltraten siempre que quieren, cuando uno, como observador externo, ve que podría oponérsele y evitarlo?

Téngase muy en cuenta que esto no se aplica a situaciones de violencia donde el verdugo busca y fuerza a la víctima, como en un secuestro o una violación, o un adulto que golpea a un niño o abusa sexualmente de él. Aquí no se trata de violencia física flagrante o ejercida a punta de pistola, sino más bien de violencia psicológica.

Pregúntese el lector si no conoce algún ejemplo cercano. Recordemos a la niña rusa: está en una posición claramente desventajosa de víctima; aun así, con los recursos que tiene a su alcance para defenderse, decide no quedarse en ese lugar y mostrar su desacuerdo. Es víctima, y el adulto abusa de ella, pero el hecho de que se oponga significa una diferencia importante, aun si el maltrato del maestro abusivo puede volver a recaer sobre ella.

Esto se ve recurrentemente en casos de violencia conyugal. Que un adulto no salga de esas situaciones de maltrato tiene complicadas implicaciones psicológicas. Éste es precisamente el punto más difícil de comprender. Trataré de acercar al lector a su lógica de funcionamiento, que no es nada simple, de la manera más clara posible.

Me basaré en una serie de investigaciones especializadas, expuestas por Freud años atrás, que avalan que, en efecto, en un porcentaje importante de casos la víctima busca a su victimario o incluso lo "crea". Sin duda es un asunto delicado y que genera mucha polémica, pero lo cierto es que en muchas ocasiones las víctimas no quieren soltar esa especie de "ganancia" (extraña, sin duda) que encuentran en la posición de sufrimiento, aunque suene paradójico.

El concepto psicológico que ayuda a entender este fenómeno es el de masoquismo. Los masoquistas "disfrutan" con el sufrimiento. Son víctimas que suelen fomentar ser maltratadas, pues tienen una necesidad oculta —incluso para sí mismas, pues no tienen conocimiento de sus propias motivaciones inconscientes— y arman escenarios para buscar verdugos que satisfagan esos impulsos subyacentes. Ellas mismas desencadenan violencia (son personas que pueden generar en otros ganas de maltratarlas y orillarlas a eso) con la finalidad de experimentar una "descarga" emocional que les genera placer a través del dolor. Al mismo tiempo, en la violencia que el otro ejerce diluyen sus propios sentimientos y deseos violentos. El agresor, en estos casos, funciona en realidad como objeto: es usado para los fines del agredido y se limita a llevar a cabo lo que la supuesta víctima lo empuja a realizar. Es como si nuestro monstruo se enmascarara para no parecerse a sí mismo. Y, en efecto, muchas veces consigue engañarnos.

Insisto en que aquí no estamos hablando de casos extremos donde hay violencia física, fuerza bruta o tortura y la víctima no tiene salida. Sin embargo, en una situación de maltrato reiterado sí puede haberla, siempre y cuando el maltratado no sea un niño completamente indefenso o desamparado o un anciano o inválido que no tengan posibilidad de defenderse. Y tampoco estamos culpabilizando a las víctimas, sino planteando que muchas veces las personas tienen oportunidad de oponerse a esa condición, cuestionar la dinámica de maltrato en la que están inmersas y resistirse a prolongarla, haciendo valer sus derechos. También es importante esta salvedad: por mucho que algunas víctimas se pongan a sí mismas en esa posición, de todas maneras son situaciones difíciles que merecen nuestra atención y cuidado.

ASOMÉMONOS POR ESTA VENTANA

El siguiente ejemplo probablemente nos permitirá comprender con mayor claridad en qué sentido decimos que a veces las víctimas pueden poner un alto a su situación. Los padres de un niño de ocho años descubren que en la escuela lo maltratan. Un día el niño sale del colegio descalzo, y para explicarlo cuenta que otros compañeros le "hicieron la broma" de esconder sus zapatos. Ese día los padres se enteran de que hace mucho tiempo que molestan a su hijo. Varios niños ejercen sobre él violencias invisibles, como mandarle papelitos con dibujos que lo ridiculizan, ponerle apodos, desaparecerle sus pertenencias, dejarlo fuera de las recreaciones extraescolares. En cierta ocasión incluso le orinaron encima. Lo han cambiado de salón una y otra vez, y hasta de escuela, pero en cada nuevo ambiente donde se incorpora, la historia se repite. De hecho, al niño le pasa lo mismo en la clase de natación y con los vecinos de su edificio. Al indagar un poco más a fondo sobre las circunstancias familiares, un nuevo maestro se da cuenta de que en casa del niño ocurren ciertas cosas que pueden explicar lo que le pasa: el padre constantemente lo descalifica y la madre a menudo lo golpea o lo deja sin comer, muchas veces para desquitarse de los abusos que su marido ejerce sobre ella. "Si a mí me toca, a ti también", suele decirle al hijo.

Considere el lector esta hipótesis: ese niño ha interiorizado una manera de relacionarse violenta; se ha acostumbrado a mirarse a sí mismo desde ese lugar. Y después reproduce en sus nuevos vínculos esa modalidad, por la sencilla razón de que no ha conocido otra forma posible de relacionarse con la gente. Reproduce la dinámica de violencia en la escuela y adonde quiera que vaya. Es una manera extravagante de sentirse "reconocido" por los otros, pero es que nunca nadie lo ha visto de otra manera...Salvo ese nuevo maestro, que últimamente trata de hacerle ver las cosas buenas que hay en él.

Si nadie detiene ese círculo vicioso, ese niño al llegar a la adolescencia y a la adultez seguirá buscando relaciones donde victimizarse o, lo que es equivalente en estos casos, ejercer la violencia de manera "pasiva". Más adelante abundaremos en la complejidad de este fenómeno.

Algunas puntualizaciones más sobre la mancuerna víctima-victimario

El consentimiento de una víctima a su maltrato suele presentarse en circunstancias cotidianas. Por lo general, es en el seno de la familia (entre esposos, hermanos, padres e hijos, etcétera) o en el campo escolar donde la mancuerna víctima-victimario se crea y reproduce incesantemente.

Podría decirse que la víctima de esos maltratos es en el fondo alguien profundamente "adicto" a la violencia, y experimenta lo que Freud llamó la compulsión a la repetición, en este caso la repetición de episodios experimentados con anterioridad y que generaron un trauma. Son adicciones y situaciones muy complicadas y difíciles de cambiar, pues están determinadas por la obtención de un extraño y oscuro placer por parte de la víctima, y también del victimario. Pero no son violencias que vengan originalmente de los propios sujetos. Son violencias que, viniendo de fuera, se instalan en las personas, y desde allí se reproducen. Son sumamente difíciles de cambiar, pues implican transformaciones profundas y complicadas. Complicadas, pero no imposibles. Al menos no en todos los casos.

Ahora bien, nunca perdamos de vista al verdugo o victimario, que definitivamente tiene también un papel fundamental en esta mancuerna. También él busca a sus víctimas, y siente especial predilección por aquellas a las que "les gusta dejarse". No caigamos en la idea equivocada de que toda "culpa" o responsabilidad estaría del lado de la víctima y su masoquismo. Esa postura es falsa y no ayuda en lo más mínimo a aclarar el problema. Además, siempre es necesario considerar cuidadosamente las particularidades de cada caso.

El sentimiento de impotencia

Probablemente el lector se habrá sentido más de una vez impotente frente a hechos de violencia. Es un sentimiento muy humano que experimentamos cuando no podemos oponernos a algo que rechazamos o conseguir algo que deseamos. Si somos objeto de algún delito perpetrado por otro sobre nosotros, nuestra familia o nuestros bienes, sentimos esa impotencia desde el lado de la víctima. Nos invade una dolorosa y desagradable sensación de quedarnos con una especie de "carga" extra de energía. Mientras mayor es la fuerza con que se perpetra violencia sobre una persona, mayor es el sentimiento de impotencia que genera, especialmente cuando el que es atacado y humillado se encuentra en una posición de la que no puede sustraerse, y eso le impide responder y ponerse a salvo. Lo que muy rara vez se menciona siquiera es la impotencia de quien ejerce la violencia. Recordemos: quien ejerce la violencia también ha sido víctima de una violencia temprana, excesiva, traumática, y eso lo catapulta a uno de los lugares de la mancuerna referida. Lo que hace quien violenta es inocular la humillación, la impotencia y el daño en la mente de aquel a quien ataca, de tal manera que se "libera" de tales afectos al depositarlos en el otro. Aunque viene de la biología, el término *inocular* se emplea aquí en su habitual sentido psicológico: para describir el mecanismo mediante el cual una persona, a través de acciones o palabras determinadas, introduce en la mente de otra afectos, sentimientos o sensaciones que no quiere ni puede tolerar. Esto suele ser un accionar inconsciente para ambas partes.

ASOMÉMONOS POR ESTA VENTANA

Voy a combinar imaginación con experiencia clínica y los aplicaré al argumento de *El señor de las moscas,* que todavía nos puede servir como ilustración. Advierto que es un atrevimiento de mi parte, una licencia poética, digamos, en aras de aclarar las teorías planteadas.

Tomaré a Jack (el niño que lidera el grupo de los cazadores, a los que el narrador de la novela se refiere como "salvajes") como ejemplo "clínico". Le supondré una historia previa y analizaré cómo se deslizó de un lugar de víctima a una posición de victimario. Para hacer este ejercicio de imaginación me he basado, no obstante, en situaciones reales que conozco muy de cerca.

Supondremos que Jack es el tercero en una familia de cuatro hijos. Su padre es un hombre de negocios que heredó una pequeña fortuna que invirtió pero que, a causa de su alcoholismo y su adicción a los juegos de azar, a la larga perdió: después de inconsistentes intentos por sacar adelante su negocio, terminó por caer en bancarrota antes de que naciera su hijo menor. Al año de haber nacido este niño, que no fue un hijo deseado, la situación económica se volvió tan difícil que tuvieron que vender su casa y mudarse a una vivienda más modesta. La madre de Jack sufre depresiones que la obligan a permanecer en cama por días, y cuando se levanta deambula como sonámbula, sin atender los lloriqueos, peleas y necesidades de sus hijos: no puede ocuparse de ellos, y andan como animalitos por la casa. Una empleada doméstica viene a ayudar de vez en cuando, y con mucho esfuerzo trata de aliviar un poco el caos en el que viven los niños con su madre. El padre rara vez se asoma por la puerta: se ha abandonado al alcohol y prácticamente no interviene en los asuntos familiares; cuando lo hace, arremete a golpes contra los hijos que no lo obedecen. Con la mujer tiene constantes peleas, que también terminan en golpes. La madre, volcada en su depresión, se olvida de darles de comer a los hijos, de llevarlos a la escuela, de ver que el hogar sea eso, un hogar (recordemos la etimología de la palabra) donde la familia esté a salvo del salvajismo del mundo exterior, mundo que, de hecho, está en guerra.

Hasta aquí, el lector habrá podido contabilizar ya, al menos, una docena de hechos de violencia, ya sean visibles o invisibles.

En casa se vive un ambiente de tensión incesante. Los hermanos mayores, dejados a la deriva y empujados por las tensiones de las múltiples violencias que recaen sobre ellos, toman a Jack como blanco de sus maltratos: lo encierran, le ponen correas en el cuello para usarlo como "perrito", lo sacan de casa y no lo dejan entrar, lo golpean. El mayor de los hermanos, cuando ha entrado a la adolescencia, abusa sexualmente del niño más chico. Son criaturas que han sido arrojadas a las fauces del monstruo sin que nadie ponga límites: no hay una normatividad que detenga y contenga sus propios impulsos. En un sentido muy importante, son niños deshumanizados, que sobreviven haciendo malabares y acrobacias, hundidos en la impotencia que genera el maltrato cotidiano, en esa ida y vuelta entre someter o ser sometido.

"Vaya, qué familia", pensará algún lector. "Cuánta imaginación tiene esta escritora", dirá otro. Lo cierto es que, lamentablemente, circunstancias como la de este relato son mucho más frecuentes de lo que suponemos. Sigamos con la historia, basada, como dije, en algunos casos reales.

Cuando va a la escuela, Jack descubre que puede hacerles a los más pequeños, o algunos más "débiles" que se dejan martirizar, lo mismo que él vive en casa. En ellos descarga sus propias impotencias y miedos. Y así encuentra a Saúl, un niño asustadizo que deambula solo en los recreos y que parece un blanco perfecto. Jack lo increpa amenazándolo con golpearlo si no le regala su *lunch*. Después de maltratarlo se siente muy aliviado. Cada vez que ve la cara de terror de este compañero es como si se quitara un enorme peso de encima: se siente tranquilo y hasta un poco alegre. Hasta que llega a casa. Porque ya allí, apenas cruzar la puerta, ver la cara de sus hermanos mayores y saber que tiene que prepararse para los "juegos" que ellos impongan a partir de sus estados de ánimo, regresa el nudo que le aprieta el estómago.

Después ocurre el viaje en avión, el accidente y el verse en una isla desierta. Allí, Jack pondrá en juego la modalidad de funcionamiento vincular que trae instalada. Aprovechará el hecho de ser uno de los mayores del grupo para crear un imperio donde no rijan más reglas que las suyas. Así se liberará de cualquier posibilidad de ser maltratado. En la mancuerna víctima-victimario, que tan bien conoce, prefiere el papel de victimario. Los sucesos de la isla están de su lado. Él sabrá hacer uso de las fantasías atemorizantes de los demás niños, de sus sentimientos de desprotección y desamparo, para manipularlos, dominarlos y someterlos violentamente. Muy pronto, sus "compañeros" pasarán a ser sus esclavos. Jack inocula el miedo en el grupo de niños: no sólo lo usa como un mecanismo de control, sino que, aprovechando los sentimientos de desamparo e impotencia en el grupo, alimenta la fantasía de que él tiene "poderes" y que el grupo, impotente frente al hambre y las inclemencias del mundo salvaje, estaría a salvo junto a él, su amo todopoderoso.

La obediencia ciega en situaciones opresivas como detonador de violencia

Así como el relato de William Golding nos sirve para reflexionar sobre el surgimiento de la violencia en situaciones extremas, hay muchos ejemplos a los que recurrir para analizar otros escenarios donde suele surgir la "fiera", nuestro terrible monstruo.

En los años setenta, en la universidad de Stanford, en California, se realizó un controvertido experimento. El más interesante de sus distintos aspectos es la muy cuestionable ética de los investigadores a cargo. Como ahora verá el lector, el mismo experimento implicó en sí mismo una seria violencia que de cierto modo se reflejó en los resultados y en las conclusiones de la investigación.

La investigación consistía en estudiar la reacción de unas cuantas personas recluidas en un lugar hostil, donde estuvieran sometidas a duras circunstancias. Para el experimento, que tendría lugar en un sótano de la universidad, se reclutó entre los estudiantes a media docena de voluntarios. Se estudió el perfil psicológico de cada uno para asegurarse de que fueran muchachos psicológicamente sanos y con una inteligencia promedio. La mitad del grupo representaría el papel de presos y la otra mitad el de carceleros. El experimento estaba planeado para realizarse en el lapso de quince días. El experimentador, un psicólogo conductista de origen italiano llamado Philip Zimbardo, se instaló a vivir en el piso de arriba para poder estar al tanto día y noche de lo que ocurría en el sótano.

La consigna era que los carceleros, para vigilar y controlar a los presos, obedecieran ciegamente las órdenes que recibieran de la autoridad, representada aquí por el investigador que marcaba las líneas a seguir. Por su parte, los presos, que según esto habían hecho algo malo y merecían un rudo castigo, estaban sometidos a condiciones muy duras (encierro en un cuarto extremadamente pequeño, comida frugal, horarios inclementes, limitación extrema de cualquier diversión). Es decir, se llevaba a cabo con estos presos experimentales un persistente trabajo de des-subjetivación, como el que aplicaron los nazis en los campos de concentración y exterminio.

Día tras día, y como si se fuera potenciando por minuto, los carceleros, que en la vida real eran chicos "buena onda" y con ideas liberales, se fueron tornando malvados. Al cabo de menos de una semana, por iniciativa propia empezaron prácticamente a torturar a los presos, a maltratarlos abiertamente, a humillarlos con palabras y hechos, para someterlos y controlarlos. Ellos seguían la orden de ser abusivos. Tan sometidos estaban ellos mismos que dejaron de pensar y de cuestionarse lo que estaban haciendo. Se puso de manifiesto una violencia latente. Antes de que los quince días hubieran transcurrido, llegó un punto en que el psicólogo tuvo que detener el experimento y cancelarlo. Muchos de esos jóvenes, tanto verdugos como víctimas, tuvieron que entrar a terapia, pues la experiencia generó un trauma que para ninguno fue fácil superar.

Las conclusiones del cuestionable experimento, que incurre en lo mismo que busca estudiar, fueron, con todo, importantes, y acentuaron una verdad insoslayable: la violencia se expresa en nosotros cada vez que, irreflexivamente, asumimos el ejercicio de una autoridad abusiva. Al caer en una aceptación pasiva frente a la injusticia que se comete hacia nosotros mismos o hacia otros, muchas veces con la finalidad de ser aceptados en un grupo, para no parecer débiles ante la mirada de los demás o para ser valorados frente a quien ocupa un lugar de autoridad (asimilado con el lugar del padre), nos aliamos con la deshumanización e inadvertidamente nosotros mismos nos deshumanizamos.

Es algo muy parecido lo que pasa en *El señor de las moscas*. Jack y su liderazgo autoritario van llevando a los niños a convertirse en "salvajes". Se transforman en una especie de unidad indisociable, sometidos todos y cada uno a lo que Jack ordena. La crueldad y la violencia empiezan a manifestarse sin tapujos. El miedo a diferenciarse de las órdenes dadas los obliga a guardarse sus opiniones y a someterse ciegamente a los mandatos que dicta el líder. Si hay que atacar a la supuesta "fiera", que en un momento dado creen ver salir del bosque, allá se lanzan todos, con lanzas en mano, hasta matarla, a pesar de que todos sabían perfectamente que no era ninguna fiera sino uno de los niños.

Someterse ciegamente a las órdenes que dicta otro, sea quien sea, es muy peligroso y dañino para todos los implicados. No hacen falta experimentos para darnos cuenta de esto: basta con echar un vistazo a la historia de la humanidad o mirar hacia adentro de algunas familias o escuelas para encontrar muchísimos ejemplos atroces. A lo que se enseña en muchas escuelas y sistemas educativos es a "obedecer ciegamente", "seguir órdenes". En otras palabras, a no pensar.

Expropiación de la identidad como instrumento de deshumanización y sometimiento

Los violentos expropian la identidad de sus víctimas para deshumanizarlas y someterlas. Si alguien sufre el fenómeno de la des-subjetivación, de pérdida de su identidad humana, se puede deducir que en su vida hay hechos de violencia reiterada. Pero la violencia no deshumaniza sólo a la víctima. Aunque de otra manera, también lo hace con el verdugo, que va perdiendo su propia humanidad en la misma medida en que busca deshumanizar a un semejante. La historia de nuestra especie nos da numerosos ejemplos. Uno muy socorrido son los campos de exterminio nazi: han sido tema de innumerables estudios, novelas, películas. Es el ejemplo más conocido de crueldad extrema, pero la historia nos habla de muchos otros acontecimientos, algunos muy recientes, en los que se ejerce la violencia mediante la denigración sistemática de unos hombres sobre otros.

Esta denigración o humillación se define como el acto mediante el cual una persona avergüenza o devalúa a otra, ya sea en público o en privado. Dicha devaluación puede referirse a sus creencias, su cultura, su sexo, su raza, su religión, su pensamiento, su estrato socioeconómico, su nivel de conocimiento o alguna característica física o psicológica. Muchas formas de tortura van acompañadas de humillaciones que buscan resquebrajar o anular la dignidad de un sujeto.

Libros como los del autor italiano y premio Nobel de literatura Primo Levi, del psiquiatra austriaco Victor Frankl o del psicoanalista estadounidense de origen austriaco Bruno Bettelheim nos ofrecen importantes testimonios de primera mano de la violencia nazi. Todos ellos son sobrevivientes de los campos de concentración y exterminio, y en algunas de sus obras narran sus experiencias, desgarradoramente aleccionadoras, de los procesos deshumanizadores que los verdugos provocaban con toda la intención.

Sus escritos dan fe de cómo en los campos de "trabajo", los guardias de las SS iban expropiando, de maneras impensablemente truculentas, la dignidad de los presos, humillándolos y socavándolos hasta sus últimas consecuencias. Se empezaba por quitarles toda pertenencia personal, desde la ropa hasta el nombre propio, que se sustituía con un número que se les grababa en la piel. Con ese simbólico acto pasaban de ser *alguien* a ser *algo*. El maltrato sistemático (hambre, forzamientos físicos extremos y toda clase de actos violentos) iban mermando la subjetividad hasta convertir a esos hombres en cosas... o en cadáveres.

Bruno Bettelheim recuerda a los llamados "musulmanes", presos que se convertían paulatinamente en una especie de desechos humanos, entregados por completo a las mayores humillaciones. Esos prisioneros abandonaban cualquier esperanza y a la vez eran abandonados por sus propios compañeros. Prácticamente se convertían en cadáveres ambulantes o muertos vivientes, al haber perdido o haber renunciado a todo resto de dignidad y voluntad. Transformados en "cosas", se acurrucaban en el suelo, envueltos en sus propias excrecencias, y se mecían con un rostro inexpresivo: no era una actuación, sino la evidencia de que habían renunciado a toda reacción de afecto, cualquiera que fuera.

Lamentablemente hay abundantes ejemplos que permiten indagar en el alcance de la maldad humana, otros crímenes humanos y genocidios que no le piden nada a Hitler. Sin embargo, nunca antes de Auschwitz se había descrito con tanta eficacia el naufragio de la dignidad humana producido por el abandono de uno mismo y de su cuidado personal, expresado en una degradación absoluta de lo humano, al punto de dejar de serlo en el pleno sentido del término.

La deshumanización en estos dramáticos ejemplos es resultado de constantes acciones violentas que merman la identidad de alguien que no está en condiciones de defenderse ni de retirarse de su posición como blanco de violencia. Allí, cuando la violencia rebasa los límites tolerables de estímulos psíquicos, se produce un resquebrajamiento que quebranta al individuo y lo cosifica. Desde ese momento ya sólo puede responder con obediencia y sumisión, como un perrito o un trapo viejo.

De hecho, cuando se ha pretendido justificar la esclavitud en distintas épocas de la historia, se declara al esclavo como no persona, como no humano. El esclavo es considerado un objeto, como lo fueron los judíos para los nazis, o los indígenas y los africanos para los conquistadores españoles y portugueses. Como lo son hoy en día los niños y mujeres explotados y usados sexualmente por las redes internacionales de pederastia y trata de personas.

Como hemos dicho, la fuerza de la humillación radica en que socava la identidad. Ante tantos ejemplos uno se pregunta: ¿cómo puede un ser humano vivir en el constante repliegue al que empuja la humillación, con las sensaciones concomitantes de desamor, fracaso y falta de sentido? Por fortuna, la humillación tiene una contrapartida. Se llama dignidad.

La dignidad en oposición a la violencia

La violencia se contrarresta con la dignidad. Hay menos manifestaciones de dignidad que de humillación, pero es importante saber que existen, reconocerlas y darles su lugar. Aunque infrecuentes, conforman una de las expresiones más positivas, refrescantes y esperanzadoras en términos humanos.

Dicen los diccionarios que la dignidad o "cualidad de digno" deriva del adjetivo latino *digno*, que se traduce por *valioso*. *Digno* se refiere al valor inherente al ser humano en tanto dotado de libertad y poder creador. Una persona es digna cuando tiene el potencial de modelar y mejorar su vida mediante la toma de decisiones y el ejercicio de la libertad.

La autonomía está muy relacionada con la dignidad. Quien puede gobernarse a sí mismo y, al menos en parte, regular sus acciones puede considerarse libre: es libre porque no es súbdito de nadie, ni está bajo el dominio de otro, y en esa medida es un ciudadano con voz y pensamiento propios. Es libre, asimismo, desde que está regulado por la ley y tiene interiorizados los límites en relación al cuidado de sí mismo y de sus semejantes. La dignidad es un valor que una persona tiene la capacidad de defender y del cual puede apropiarse y hacer uso (o no). A la persona libre, los límites internos le proporcionan una ética, una manera de estar en el mundo.

La persona que ha sido educada en un ambiente que valora la dignidad, y ella misma es considerada digna, tendrá mayores posibilidades de tener experiencias dignas y será capaz de reconocer las situaciones indignas y humillantes. Padres y educadores deben tener esto en cuenta, pues quien ha crecido en ambientes donde la violencia, el maltrato y la humillación son el pan de cada día no tendrá modo de saber que las cosas podrían ser muy distintas.

La dignidad se basa en el respeto y reconocimiento de todo ser humano, cualquiera que sea su circunstancia y diferencia. Éste es el fundamento de la ética. En un sentido importante, la dignidad llega a ser signo de equilibrio emocional. Una persona digna suele sentirse orgullosa de las consecuencias de sus actos, y culpable cuando esas acciones provocan daños involuntarios a terceros.

La dignidad reafirma la personalidad y fomenta la sensación de plenitud y satisfacción. Se reconoce como un resultado de cierta autonomía de la voluntad y el libre albedrío. Esta última idea, sin embargo, me parece cuestionable: muchos seres humanos, por su condición, edad o situación, como los bebés, los niños muy pequeños, quienes han crecido en ambientes violentos y no conocen otros contextos, los disminuidos psíquicos, las personas seniles o los dementes, no son libres, pero no por ello diremos que no son dignos.

El arquetipo del héroe viene aquí a cuento. El héroe, como figura mítica de nuestra civilización, representa a quien pelea por la dignidad, no sólo por defender la propia, sino también, y sobre todo, por defender la de los demás, especialmente de quienes no pueden defenderse solos. Es como si el héroe hablara en plural: "Soy nosotros", diría. Y así como hay héroes en la mitología, en la literatura o en el cine, también los llega a haber en la realidad (aunque desde luego no les salen rayos por los ojos ni tienen súper poderes). Muchos de ellos son anónimos. En efecto, puede ser un niño, alguien que en la escuela o en cualquier lugar defiende a otro de una situación injusta o violenta, o se defiende a sí mismo (como la niña rusa a la que su profesor quiere humillar). Los héroes ordinarios son gente corriente, pero un elemento los distingue: el héroe vence el miedo. No es que no lo sienta, sino que, sintiéndolo, lo vence. Con coraje, valentía, dignidad e integridad, es héroe quien se enfrenta a una situación abusiva, violenta o injusta, mientras los demás se atemorizan y callan.

Muchos de los que se dejan subyugar lo hacen empujados por el temor de no pertenecer al grupo. El problema es que cuando por mucho tiempo se ha dejado de confiar en el poder de nuestras acciones para restituirnos y reubicarnos, dejamos de creer en nuestra capacidad de transformación. Lo cierto es que existe: está en cada uno de nosotros.

Así, pues, el problema de la violencia no está sólo del lado del perpetrador y de las víctimas: también está en quienes se muestran

indiferentes ante ella y se encogen de hombros frente a sus mons-
truosas manifestaciones. Quiéralo o no, el indiferente es un cómplice.
La intolerancia y la indiferencia, dos de los alimentos predilectos de
la fiera, producen una hidra gorda que devora sin tregua a los más
vulnerables.

Capítulo 2

EL MONSTRUO EN CASA: SOBRE LAS RAÍCES PSICOLÓGICAS DE LA VIOLENCIA

El pez no sabe que vive en el agua.

Proverbio popular

En este libro entendemos por *mente* aquella zona de nuestro ser que está a cargo de articular pensamientos, de crear, aprender, razonar, percibir, sentir emociones, administrar la memoria y poner en juego la imaginación y la voluntad. En términos psicológicos, podemos afirmar que el desarrollo de una mente y sus vicisitudes a través de la vida dependen no solamente de las características y singularidades de dicha mente, sino, en gran medida, del ambiente donde se desenvuelve y de la relación que guarda con él. Por *ambiente* no nada más me refiero a factores externos claramente visibles (como los sociales y los económicos), sino sobre todo al tipo de relaciones que tiene una persona con la gente más cercana, básicamente con su familia.

La violencia es un monstruo que se reproduce, crece y se alimenta en esa área imprecisa que va del mundo personal (interior) a esa otra, más amplia, que ocurre en el campo de lo grupal o social, donde todos los individuos están en permanente intercambio con otros. Recordemos el carácter "radioactivo" de la violencia: en esas idas y vueltas, la violencia, así como tiene modos de manifestarse evidentes o fácilmente visibles, también tiene otros que no se detectan a primera vista. Para descubrir estos modos invisibles de la violencia hay que echar mano de la lupa que hemos usado a lo largo de estas páginas, y que no soltaremos hasta el final.

A pesar de que no es siempre fácil de reconocer, y a pesar de la tendencia a atribuir la violencia a los factores sociales, hay que decir que la familia no sólo sufre el impacto de las andanzas del monstruo por el mundo y los efectos de sus contagios, sino que, muchas veces sin poder evitarlo ni advertirlo siquiera, es su albergue, el nido donde se incuba y reproduce. Esto no debería resultar extraño si recordamos que la función primordial de esta agrupación humana llamada familia es justamente servir como transmisora de la cultura. Para descubrir los espacios donde suele anidar o mostrarse la violencia en el contexto familiar y advertir las maneras en que se reproduce allí mismo, empecemos por repasar el concepto mismo de *familia*.

A qué llamamos *familia*

¿A qué llamamos *familia*? Aunque parezca una pregunta de fácil respuesta, no lo es para nada. Especialmente si nos alejamos del modo tradicional de pensarla y ubicamos a las familias reales de nuestra época actual. Solemos hablar de la familia como si todos coincidiéramos en su definición y la pensáramos de la misma manera, cuando en realidad cada quien trae en la cabeza no sólo su propia idea de lo que es una familia, sino su propia experiencia de familia. De algún modo, no sólo habitamos con una familia, sino que la familia nos habita a nosotros.

En términos generales, llamamos familia al grupo de personas que, viviendo juntas o no, pertenecen al mismo "árbol genealógico" y están unidas por lazos de parentesco o consanguineidad (más allá de si sus integrantes se frecuentan o no, si conviven o no, si se llevan bien o no). Pero esta idea no aclara gran cosa y como definición se queda corta, pues no refleja las complejidades de lo que la sociedad está experimentando respecto a las familias. Para empezar, hay tantas variedades de familia como familias hay. La noción de familia ha tenido que cambiar paralelamente a las transformaciones de la sociedad. Aunque en ocasiones se intente hacer pervivir esa vieja idea de que la familia está conformada por el papá, la mamá y los hijos, este concepto no corresponde a lo que se ve en la práctica (y hace mucho que dejó de hacerlo). Es, pues, necesario redefinirlo para poder abordar las vicisitudes de las familias actuales de carne y hueso, basándose en hechos concretos y observables. Señal de la diversidad que alberga el concepto actual de familia son la gran cantidad de divorcios que ocurren entre matrimonios con hijos o la apertura de las últimas décadas para reconocer y tomar en cuenta a las familias monoparentales, homoparentales y otras que no encajan en el esquema tradicional.

La nueva idea de familia y sus parámetros

A pesar de la diversidad imperante, es posible agrupar a todas las familias bajo un mismo parámetro que nos permita zarpar de un puerto común al hablar de este grupo humano, base de la sociedad. Propongo esta definición de trabajo: *Hay una familia en la medida en que existen dos generaciones unidas por lazos de afecto (no necesariamente consanguíneos), por una historia en común, y donde la generación mayor cuida y sostiene el crecimiento y desarrollo, en las mejores condiciones posibles, de la generación que le sigue.*

Este concepto nos puede servir como referencia que nos oriente en el camino.

Empecemos por constatar que los ideales de la familia tradicional de antaño ya no son los mismos. De hecho ya ni hay *ideales*, entendidos como una finalidad general en la que todos, mal que bien, pudiéramos reconocernos. Lo que vemos hoy en día es una clara diversidad de manifestaciones familiares, tan válidas unas como las otras, cuyos miembros se enlazan a través de vínculos afectivos y conforman espacios donde se transmiten la historia y la cultura. En algunas familias los hijos son criados por los abuelos, los tíos o alguna relación consanguínea cercana, que, si bien no es necesariamente el padre o la madre, cumple la función de éstos, ya sea porque están ausentes —de manera temporal o definitiva— o por cualquier otra causa. Como en muchos otros países, la ausencia de los padres es muy frecuente en México, especialmente cuando la presión económica los obliga a emigrar. Cruzar la frontera a Estados Unidos en busca de mejores oportunidades salariales, para así ayudar al sostén de los hijos, en este país es el pan nuestro de cada día (o, mejor dicho, es para buscar el pan nuestro de cada día... o la tortilla). Que uno o ambos progenitores se vean obligados a abandonar su tierra y a su gente por escasez de recursos económicos es ya, en sí mismo, un hecho de violencia, como lo es la pobreza. Se ve así cómo lo que ocurre en el seno de una familia se ve también permeado por las condiciones macroeconómicas y sociales.

Entre las conformaciones familiares encontramos también la difundida modalidad monoparental: madres solteras, y cada vez con mayor frecuencia padres solteros, que se ocupan de sus hijos en ausencia del otro progenitor, ya sea porque así lo hayan decidido o porque la vida orilló a eso. No cabe duda de que estas agrupaciones afectivas caben perfectamente en el mapa de lo que podemos llamar familias. Están también, desde luego, las familias formadas por parejas homosexuales, que viven con el hijo o los hijos biológicos de alguno de ellos, o que juntos han participado en un proceso de inseminación asistida, o bien que han adoptado niños.

Afortunadamente, la aceptación y reconocimiento de este tipo de familias es cada vez mayor. La parentalidad, es decir, cómo se es madre o padre, no tiene que ver con el género, sino con cómo se asumen los roles y cómo se transmiten los vínculos y relaciones de unos con otros (a partir del cuidado o del maltrato al semejante, y esto no depende en lo absoluto de la configuración de las familias en cuanto a su número o su sexo).

Hemos definido a la familia como el espacio donde una generación cuida de la siguiente, más allá de los lazos propiamente sanguíneos que unen a sus integrantes. Pongo el acento en el cuidado, o descuido, de dichos lazos, para analizar cómo desde allí pueden transmitirse, reproducirse o, en el mejor de los casos, amortiguarse los efectos de la violencia.

Los miembros de una familia pueden vivir juntos o no, y no por eso dejan de ser una familia. Lo esencial no es la cercanía física ni la consanguinidad, sino los vínculos entre los integrantes del grupo; en el tipo de relación que sostenga un miembro de la familia con otro se verá la fuerza, o debilidad, del lazo que los une. Conozco varios niños cuyos padres biológicos, por distintos motivos, se han distanciado de ellos hasta apenas verlos o llanamente no verlos más. Sin lugar a dudas, en términos del lazo biológico, ese padre es el padre. No obstante, en ocasiones la nueva pareja de la madre, o quizá un abuelo o un tío, son quienes ejercen esa función. Para ese niño, en términos de su aprendizaje y del modelo a seguir en muchos sentidos, él será su padre en la medida en que haya desempeñado ese papel, al que lo impulsa no la sangre o los genes sino el afecto. Aclaremos que aquí no entenderemos los afectos exclusivamente con la connotación positiva de la palabra: los afectos, como las emociones o los sentimientos, son muy variados, como variadas son el tipo de huellas que pueden dejar en la vida de una persona. En este sentido, el odio y la tristeza son afectos tanto como el cariño o el amor lo son.

Nadie duda que los vínculos familiares y sus dinámicas influyen profundamente en el desarrollo psíquico de un niño, pero hay que examinar cómo es que opera esa influencia.

Cómo influye la familia en la formación de la personalidad

Dicen que los hijos son más viejos que los padres, pues al llegar un niño al mundo, trae consigo la historia que le precede. La historia misma de su linaje, de las vicisitudes de sus ancestros, se encuentra en ese niño, en su nombre, en sus apellidos, siendo, como es, producto del encuentro entre dos seres humanos, cada uno con una genealogía propia. Este encuentro abarca un abanico muy amplio de posibilidades: desde las más bellas, por amorosas y memorables, hasta las más horripilantes y escabrosas que podamos imaginar. Nada de esto es inocuo para la existencia de ese ser humano que acaba de llegar al mundo. Por ejemplo, no es lo mismo una pareja que se une por amor, movida por el deseo de construir un proyecto de vida en común y tener un hijo para educarlo y cuidarlo, que una relación donde priman la extrema violencia, el desamor y el abandono, y de eso es producto su hijo. Estas distintas circunstancias dejan en el alma de un niño marcas probablemente muy distintas también.

Nuestra subjetividad, nuestros gustos, maneras de ver la vida, conflictos y elecciones se entrelazan profundamente con las vicisitudes de nuestra infancia, desde el nacimiento e incluso desde antes: desde el momento en que nuestros padres nos empiezan a imaginar (y que unos padres no imaginen al hijo por venir también puede tener consecuencias). Cuando imaginan un nombre, un sexo, generan expectativas y deseos con respecto a ese futuro ser. Tales deseos de nuestros progenitores funcionan como un aliento vital, que luego nos impulsará a lo largo de la existencia. Y ya desde el nacimiento y a lo largo de la infancia internalizamos los límites y las normas de relación social, junto con los valores y las costumbres.

¿Cómo internalizamos los límites o normas de relación social?

Desde luego, un bebé no nace sabiendo los límites ni conociendo las normas de la familia y la sociedad a la que está entrando, sino que los interioriza a lo largo de su proceso de desarrollo. Las normas, en este sentido, son intrínsecas al proceso de construcción de una mente, y necesarias para el desarrollo en un marco más o menos saludable. Muy pronto el niño pequeño empieza a incorporarlas a sus experiencias y más temprano que tarde aprende una verdad básica: para ganar algo tiene que perder algo.

Se han identificado hitos muy claros en el proceso de desarrollo infantil donde esto se pone de manifiesto. En el nacimiento mismo, el bebé pierde la plácida y cómoda estancia en el vientre de su madre. No es una pérdida fácil: no por nada lloramos al nacer (más allá de que ese llanto inicial sirva también para empezar a respirar y contactarnos con un ambiente completamente novedoso). A lo largo de sus primeros meses, el bebé tendrá otras pérdidas, que se traducen en crecimiento; por ejemplo, el destete, que impone un límite al cuerpo a cuerpo con la madre y a los placeres que ello conlleva (o, en su defecto, la mamila que la representa) y permite que el pequeño acceda a otros alimentos, y por ende a nuevas experiencias. Más adelante tenemos el aprendizaje para controlar los esfínteres: allí el pequeño ser humano tiene que separarse de lo que su cuerpo produce e internalizar una prohibición (la de no orinar o defecar en cualquier sitio); este momento del desarrollo está muy asociado a la motricidad y a la socialización. Y así en adelante, hasta llegar a uno de los momentos cruciales en la internalización de cierta regla fundamental, que es la ley de prohibición del incesto, que obliga al pequeño a renunciar a la realización de sus deseos de "casarse" con mamá o papá (desde luego, esta regla opera también desde la posición de los padres). Se sabe que los niños sienten y experimentan deseos sexuales hacia las personas que los atienden y los aman. Son deseos naturales pero que, si el asunto marcha bien, irán siendo encaminados, a través de los límites y la educación, a que se expresen y manifiesten hacia personas fuera del ámbito familiar, conforme ese niño crece. Estos deseos se vuelven inconscientes. El superyó, una especie de censor interno, representa la interiorización o apropiación de esas prohibiciones, y es fundamental en nuestra constitución como seres humanos. Este censor nos va diciendo qué está bien o qué está mal, con relación a nuestras acciones e incluso a nuestros pensamientos. Mal que bien, el superyó demarca los límites frente a los demás. Es, en otras palabras, la conciencia moral. Entre otras funciones, tiene que vigilar y enjuiciar las acciones y los propósitos de nuestro propio yo.

Puedo imaginar al lector diciendo que el deseo de los niños hacia la madre o el padre "es puro cuento". "Yo quiero mucho a mi mamá (o a mi papá), pero eso de sentir otra cosa más, o que la haya sentido de niño, es impensable. Peor tantito, pensar que eso sienten mis hijos por mí". Si el lector piensa eso, significa que todo va bien, pues la censura opera adecuadamente en su propia mente, y no lo deja creer que eso sea posible. Pero lamento decirle que esa frase está construida desde su ser consciente y regulada por el superyó, que ya se ha ocupado de censurar cualquiera de esos deseos, y que forma parte de la zona inconsciente de su personalidad, que no es accesible fácilmente y que se las arregla muy bien para mantenerse oculta... hasta de uno mismo.

La adquisición de límites a lo largo del desarrollo infantil implica una serie de renuncias consecutivas que van permitiendo la estructuración mental y van moldeando la personalidad: el ser humano renuncia a la inmediatez de la satisfacción de sus impulsos innatos, y con eso se encamina. Es así como el niño aprende a postergar, a esperar, a tolerar las frustraciones, y va aceptando los límites en función del cuidado al otro. Son renuncias que se sostienen en un vínculo amoroso. Para que mamá o papá me sigan queriendo, dejo de hacerme pipí encima. Cuando el niño renuncia a algo, lo hace por no perder el amor y por no generar sufrimiento en el otro. Cuando no lo hace, eso puede significar que ha habido una transmisión confusa de los límites, como veremos más adelante.

Los límites y la violencia

Una falla en la adquisición de los límites puede estar en la raíz de la violencia. En esas épocas del desarrollo temprano recibimos el impacto de las acciones de quienes cuidan nuestro desarrollo; desde que somos bebés, esos sucesos se van "instalando" en nuestra mente a través de las sensaciones, pero sobre todo a través del lenguaje. Esas primeras impresiones pueden darse en un ambiente que protege, cuida y ama al bebé, y que lo considera un sujeto valorado y digno de ser respetado. También puede ocurrir que un bebé, en el contexto de un ambiente irruptor y poco cuidadoso de sus necesidades tempranas, se vea hondamente lastimado a través de las primeras impresiones que recibe en la vida. La idea, lamentablemente muy difundida, de que los bebés "no entienden" y "son muy chiquitos" para que les afecte lo que pasa alrededor está completamente equivocada. Es cierto que "no entienden" las situaciones como podemos entenderlas los adultos, pues la mente de un recién nacido está en desarrollo y todavía no tiene todos los espacios ni recursos necesarios para captar del mismo modo como lo hace una persona mayor. No obstante, un bebé "entiende" con el cuerpo, con la percepción, con los afectos. Es conocimiento popular que cuando la mamá de un pequeñito de pocos meses está cansada, triste, preocupada, enojada o agobiada por cualquier afecto que le reste atención al cuidado exhaustivo que requiere su hijo, de inmediato éste lo reciente. Puede desencadenarse una crisis de llanto —la principal manera que tiene un bebé para comunicar que no está a gusto—, un acceso de vómito, un desajuste psicosomático, un insomnio, una falta de apetito. Son las maneras que los bebés tienen a su alcance para comunicar que algo no va bien.

Si una mamá está peleando con el papá frente al bebé, tal vez éste no comprenda cabalmente lo que ocurre. No obstante, percibirá los afectos intensos que van y vienen entre esos dos seres humanos de quienes depende su existencia. Y, haciendo uso de los recursos a su alcance, reaccionará para manifestar su propia angustia y malestar.

Las palabras que los adultos dicen, las maneras en que nombran a un bebé, o se nombran entre ellos, se "instalan" en la mente, y van conformando en una persona una manera subjetiva de verse a sí misma y ver al mundo. Aunque al principio no entienda en términos racionales, un bebé captura con gran precisión el afecto que contiene una frase o la intención que conllevan las palabras. No tiene el mismo efecto en un pequeño que la mamá al cambiarle los pañales sucios le diga con ternura "Tu caquita es la más linda del mundo" a que le diga con asco y enojo "Eres un cerdo, igual que tu padre". Entre estos dos extremos de manifestación afectiva hacia un bebé hay una gama enorme de posibilidades, cada una con consecuencias distintas para la mente en desarrollo.

En síntesis, los efectos del amor de los padres hacia los hijos son muy distintos que los efectos del odio o del rechazo. En la primera infancia, cuando no tenemos manera de defendernos de esos estímulos con los que nos "baña" o "inunda" el ambiente donde crecemos, se forjan los pilares de nuestra mente. Señalemos también que nadie ama "puramente" a nadie, ni siquiera una madre a un hijo. Nuestra condición humana está atravesada por afectos contradictorios, como el amor y el odio. Podemos amar y odiar, por más buenos que seamos. A esto lo llamamos ambivalencia. Y hay situaciones, que responden a las razones o sinrazones más diversas, donde predomina el odio por encima del amor. En términos de los cuidados que necesita un recién nacido, sin duda un afecto de esas características hará de las suyas sobre una mente humana en ciernes.

El amor y el odio en los recién nacidos

Sin lugar a dudas, el amor y el odio están presentes desde el nacimiento. Las investigaciones, observaciones y larga experiencia clínica que nos ha aportado el psicoanálisis permiten comprender que el amor y el odio son pulsiones presentes en el ser humano desde su primera bocanada de aire. No es difícil creer que los bebés estén atravesados por el amor; lo que no resulta tan sencillo es pensar que lo están también por el odio. Sin embargo, sabemos que ambas pulsiones (que más tarde se convertirán en afectos o sentimientos) son una especie de filtro a través del cual se procesan prácticamente todos los asuntos humanos. La afirmación de que tanto el amor como el odio estén presentes desde los inicios de la vida mental, es decir, desde el nacimiento, es una afirmación muy compleja. El lector está en todo su derecho de ponerla en tela de juicio y preguntar: "¿Cómo puede saberse eso, si un bebé no habla y no podemos conocer lo que siente ni lo que piensa, si es que piensa?" Le pido al lector paciencia. No será simple demostrarlo y dilucidarlo, pero iremos trabajando en ello por partes, en la medida en que se conecten con el tema central de este capítulo: distinguir cómo las experiencias infantiles determinan las características de la mente de un ser humano. Esas experiencias pueden derivar en violencia, o no. Para estudiarlo es necesaria una nueva distinción fundamental: entre lo que es agresividad y lo que es, propiamente, violencia.

La agresividad humana como condición de desarrollo psíquico

La agresividad (que no debe confundirse con la violencia) es una energía psíquica importante para el desarrollo mental y está presente desde el nacimiento. Sí, es difícil creer que un bebé recién nacido pueda ser "agresivo" (así como es difícil imaginarlo albergando odio). Pero expliquemos en qué consiste esta energía que llamamos agresividad, cuál es su importancia para el desarrollo mental y qué la vincula con lo que llamamos propiamente violencia (y qué la diferencia de ella).

Recordemos nuestra definición de violencia: *el accionar (a través del acto o la palabra) ejercido por un ser humano (al que llamaremos en adelante perpetrador o victimario) que implica un exceso o un abuso de poder (que puede ser visible o invisible a simple vista) sobre otro (al que llamaremos víctima) que está en posición desventajosa, por ser más débil o vulnerable, y al que el primero busca someter por la fuerza (física o psicológica) con el afán de dañarlo, humillarlo, lastimarlo o destruirlo, y donde el perpetrador obtiene una ganancia malsana por ello.*

Y ahora veamos en qué se distingue la violencia de la agresividad. Hemos dicho que la riqueza de la personalidad es en gran parte producto de cómo han sido las relaciones internas que un niño va construyendo con el tiempo a través de un dar y recibir "psíquicos" que se van acentuando o transformando con el tiempo a partir de las experiencias que la vida le ofrece. La parte principal de esta realidad interna, el mundo que se siente como ubicado dentro del cuerpo o de la personalidad, es inconsciente.

Como ya hemos planteado, el amor y el odio nos habitan en distintas proporciones. Entre las tendencias humanas, la agresión no siempre es expresa y no necesariamente conlleva contenidos "negativos" o antisociales. La agresividad es una inclinación humana, una disposición pulsional originaria emparentada tanto con el amor como con el odio.

Así, no sólo tiene el carácter destructivo que se le reconoce, sino que en tanto energía mental también funciona como un motor capaz de intervenir en el ambiente cercano para transformarlo y relacionarse con él, muy frecuentemente con fines constructivos o creativos.

Un bebé pequeñito necesita cierta agresividad para explorar el mundo. Si es más o menos sano, con deseos de conocer su entorno, con esa viva curiosidad exploratoria y de investigación con la que todos nacemos, buscará los medios para llevar a cabo sus averiguaciones. Su cuerpo buscará moverse, pataleará, tocará, aventará objetos una y otra vez, sólo para experimentar el movimiento y observar cómo sus impulsos tienen efectos en su ambiente. Podría decirse que los bebés muestran su amor de maneras primitivas, y, sí, más o menos agresivas: lloran y hasta berrean para pedir alimento, cobijo, cariño, palabras, juego. También muestran su amor primitivo mordiendo, jalando, succionando con fuerza, sin que al principio les preocupe gran cosa el riesgo de hacer un daño. Esa preocupación, si todo marcha bien, vendrá con el tiempo, y dependerá en gran medida de las respuestas que el ambiente familiar les dé a sus gestos espontáneos y los límites que se les vayan poniendo de manera paulatina.

Si a un bebé le pegan por haber mordido el pezón de su madre mientras lo amamantaba y le dicen que es "malo", no comprenderá por qué su demostración amorosa es castigada, y probablemente sufra un repliegue y se atemorice de sus propias manifestaciones vitales. Si, en cambio, sus expresiones un tanto agresivas de amor primitivo se toleran, y poco a poco, conforme el niño va creciendo, se le van poniendo límites a su pulsión agresiva y se le hace comprender que puede lastimar a los otros, seguramente aprenderá a administrar sus impulsos.

Si bien es verdad que en un niño puede haber un enorme potencial destructivo (tal y como muchos seres humanos lo demuestran ya en la adultez), también es cierto que desde la infancia, y con ayuda de los adultos a su cargo, también puede desarrollar una gran capacidad para cuidar lo que ama: protegerlo, que su ambiente inmediato lo ayude y encamine, permitiendo por un lado sus manifestaciones de desacuerdo (que muchas veces pueden resultar agresivas para los padres o maestros) y por otro lado buscando maneras de negociar las diferencias sin pedirle al pequeño el sometimiento absoluto de sus afectos y puntos de vista, salvo que éstos lo puedan llevar a su propia destrucción o le produzcan un daño.

Saber que en nuestro corazón conviven el odio y el amor no es lo mismo que aceptarlo. Lograr establecer una relación armoniosa entre la realidad de nuestro mundo interior y su confluencia de emociones, y el mundo exterior y lo que nos provoca, es tarea de toda la vida, y los equilibrios no son fáciles ni rápidos, pero pueden conseguirse. Las frustraciones y estorbos frente a los deseos pueden tener como consecuencia una intensificación de la agresividad, y si hemos internalizado a un censor que lo regula, también sentiremos culpa por tener sentimientos o actitudes agresivos hacia los otros. Claro está, hay quienes no han interiorizado los límites respecto a sus impulsos agresivos, e incluso no sienten culpa alguna de producir un daño en otros. Es entonces cuando la agresividad se desboca y se transforma en violencia.

La agresividad puede ser un motor del desarrollo incluso en el mundo adulto. Decir que no a algo, ser propositivo, creativo, defenderse, son acciones que entrañan cierto monto de agresividad, pero que no tienen como intención dañar a otro, sino que buscan transformar o evitar algo. Los padres de familia y maestros conocen mucho de las tendencias agresivas de los niños a su cargo, y cada tanto se ven obligados a enfrentar sus estallidos agresivos. Pero, como ya hemos dicho, aunque agresividad y violencia estén emparentadas, no son la misma cosa. Es fundamental tener presente esta distinción. Si un niño se opone a una injusticia reclamando frente a un adulto, o defendiéndose de alguien que lo ataca, probablemente esté siendo agresivo, mas no necesariamente violento. La diferencia básica está en si se tiene intención de hacer daño a otro. La violencia es una agresividad engordada a través de distintas experiencias que la han alimentado y que suelen ser externas al individuo en cuestión.

Las experiencias infantiles quedan "grabadas" en la mente

Las investigaciones psicoanalíticas emprendidas por Freud hace ya más de un siglo, y las de otros autores más actuales que han enriquecido la teoría freudiana y le han aportado sus propias observaciones clínicas a lo largo de los años, dan cuenta de cómo nuestras experiencias tempranas perduran en nuestra mente a pesar del paso de los años. Es un hecho comprobado que de la vida anímica de un ser humano no puede borrarse nada de lo que alguna vez experimentó: de alguna manera todo se conserva, y puede ser traído a la luz en circunstancias apropiadas. Freud comparaba el pasado de una ciudad con el pasado del alma de una persona: ponía como ejemplo a Roma, donde aún pueden encontrarse las marcas y vestigios de lo que ocurrió siglos atrás. Quedan ruinas, pero a partir de esas ruinas se pueden "reconstruir" los mapas, los lugares, las maneras en que se dieron los acontecimientos en la antigua ciudad. Esta analogía le servía para explicar lo que ocurre en el alma humana, como si Roma, o cualquier sitio arqueológico como los que hay en México, fuera equivalente a los estratos de una mente que tiene un pasado extenso, y aunque algunas de sus zonas o edificios no se conserven, podemos recrearlos y reconstruirlos —al menos virtualmente— a partir de los restos. El pasado se conserva en la vida anímica, aunque no se recuerde conscientemente, y sigue teniendo efectos en la vida cotidiana del adulto, aunque no nos percatemos a simple vista.

Si los vínculos de la niñez nos marcan y dejan huellas profundas en nosotros, no siempre resultan evidentes ni fácilmente detectables cuando somos adultos. No obstante, es un hecho comprobado que nuestras vivencias de entonces se graban en la memoria y siguen resonando, repercutiendo y teniendo efectos a través del tiempo. Las buenas experiencias no provocan tanta estática en nuestra vida de adultos como aquellas que fueron dolorosas, pero igualmente nos marcan: lo amoroso nos otorga seguridad, una confianza de base que nos hace sentir sostenidos y que es de gran ayuda cuando la vida nos somete a pruebas difíciles.

La confianza de base y la violencia

Las raíces de la confianza y de su contraparte, la desconfianza, comienzan su crecimiento desde la primera infancia. Desde que el bebé llega al mundo está listo para empezar a relacionarse con el ambiente que lo recibe. Es como si trajera un engarce dispuesto a encontrar dónde embonar para que se desencadene el proceso de desarrollo, especialmente el mental. Necesita desde un principio a sus padres o figuras sustitutivas, no sólo porque no puede valerse por sí mismo, sino para desarrollarse mentalmente. Si no hay ahí nadie que le brinde esa posibilidad, el asunto suele ponerse bastante feo para ese bebé, pues su mente incipiente no tendrá de donde "agarrarse" para empezar su desarrollo y eso puede provocar una catástrofe psíquica. Esas primeras relaciones de un niño tienen una importancia fundamental: marcan las pautas y modos en que se vinculará, las formas de sentir y de reaccionar frente a sus ansiedades (los bebés las sienten en gran escala), así como las maneras de defenderse de ellas, formas y modelos que irán instalándose en su mente sobre todo durante los primeros años del desarrollo.

Es la madre, o quien cumpla el papel maternal, quien desde el inicio va calmando las necesidades del bebé, que aún no está preparado para administrar psíquicamente grandes sumas de excitación provenientes del exterior o interior. Una excitación interior sería, por ejemplo, el hambre, la sed o un dolor. El bebé no comprende qué le pasa, sólo siente malestar, y él por sí mismo todavía no es capaz de hacer lo necesario para suprimir esa tensión interior. La madre y el ambiente donde vive ayudan en esos momentos a contenerlo y a sembrar así las semillas para que esa mente pueda proseguir su desarrollo lo más sanamente posible. Si en la relación con quien ejerce la función materna predomina el amor sobre el odio, lo gratificante sobre lo frustrante, el niño, a la vez que incorpora placer y alimentos, va adquiriendo la confianza básica: pone confianza en la bondad del otro y siente garantizadas sus necesidades de cuidado, alimentación y afecto. A la vez, aprenderá a confiar en su propia bondad por encima de sus sentimientos agresivos, en su capacidad de afrontar las contingencias y las necesidades. Por el contrario, las dificultades, basadas en el desamor y en el odio, que pudieran surgir en estas relaciones tan fundamentales (madre-hijo y el ambiente que los rodea: es decir, el padre, la familia cercana, los diversos afectos...) provocarían el desarrollo de una desconfianza básica frente al vínculo con los otros y consigo mismo. Situaciones como la ausencia de una figura materna, privación de cuidados, insuficiencia en las interacciones o discontinuidad en las relaciones afectivas pueden abonar un sentimiento de desconfianza que se traduce en esas fantasías de que nadie podrá cuidarnos o atendernos, que las cosas van a salir mal o que *siempre* salen mal... Es decir, en un pesimismo generalizado respecto a la relación con el mundo y con uno mismo.

Las relaciones de confianza básica están, pues, del lado de las relaciones de reciprocidad positiva y amorosa: a esas modalidades de relación que ayudan a mantener a raya la agresividad en sus aspectos violentos. Desde allí, y en la medida en que el bebé crece, uno de los primeros logros sociales ocurre cuando el niño empieza a separarse de la madre. Si ha desarrollado una confianza en esa relación, él permitirá que ella se separe de su lado, pues se ha convertido en una certeza interior, en una seguridad, en alguien confiable que le da seguridad interna en el sentido más básico.

Cuando vemos a un pequeño con exceso de ansiedad o intolerancia frente a la separación de la madre, es probable que aún no se haya establecido el grado indispensable de confianza básica que le permitiría saber que si la madre se va, regresará para cuidarlo. Tolerar esa separación momentánea equivale a un primer logro social: la madre se ha convertido en una certeza amorosa en el interior del niño, que se sabe amado y cuidado, y eso le da seguridad en que así seguirá siendo. Hay allí un progreso que va de la confianza en los otros más cercanos (madre, padre) a una confianza en uno mismo, y luego en el mundo. La adquisición de dicha confianza es un requisito para lograr la autonomía. Sólo cuando un niño ha aprendido a confiar en sí mismo y en los demás, se atreverá a moverse, actuar, incluso a pensar, por cuenta propia. En esa medida, el mundo será, desde su visión interior, menos amenazante, y podrá así ser objeto de exploración creativa, que al mismo tiempo le permitirá enriquecerse internamente. Ese niño que ha adquirido la confianza básica albergará, con mucha probabilidad, sentimientos altruistas, amorosos y de cuidado hacia sus semejantes.

En sentido contrario, cuando un niño es abandonado a sus fuerzas, cuando no es suficientemente cuidado y atendido para que vaya paulatinamente confiando y reasegurándose, a menudo fracasará y pronto perderá la confianza en sí mismo. Peor aún si alguien lo ataca de manera indiscutiblemente violenta. La desconfianza, el sentimiento de ambivalencia hacia sus semejantes e incluso el odio exacerbado a los otros estarán en la base de su relación con el mundo.

En la medida en que el bebé crece y se transforma en un niño y se ha forjado un vínculo de confianza con los padres, ese pequeño pedirá que se le hable con honestidad sobre los aspectos más disímiles de la existencia humana. Hablar con la verdad a los niños siempre que sea posible, administrando, si es necesario, la información o buscando maneras apropiadas de transmitírsela cuando se trata de asuntos escabrosos o difíciles que les conciernen, les otorga gran confianza y seguridad. Así aprenderán a discernir el engaño de la honestidad y se sentirán más seguros de sí mismos y de los otros. Su visión de la realidad no se verá enturbiada y podrán desentrañar los afectos propios y ajenos con mucho más tino que un niño a quien se le haya mentido o engañado.

Lo interesante de este aspecto de la crianza y del desarrollo infantil es que no queda supeditado a los cuatro muros de la casa del niño. La confianza o desconfianza en los otros se extiende a otros lazos sociales y puede beneficiar u obturar desarrollos académicos, laborales, económicos y de toda índole; tiene una gran repercusión en cuanto a las posibilidades de crear vínculos estrechos y tranquilizadores para contrarrestar los perniciosos efectos de la violencia social.

ASOMÉMONOS POR ESTA VENTANA

Hace poco cayó en mis manos un ensayo publicado en una revista de economía.* Me despertó una gran curiosidad la tesis del autor, que no sólo se refiere a números, cifras y asuntos de micro o macroeconomía, sino que en su análisis pone en juego los afectos. Sí, afectos, sentimientos humanos que en su opinión influyen de manera muy importante, incluso determinante, en el buen o mal funcionamiento de las variables económicas de, por ejemplo, una empresa. Entre otros afectos, abordaba el tema central de la confianza en el otro. Esta confianza, sostiene él, reditúa de manera notablemente benéfica en el

---

* Samuel Matarasso, "Numerizar las emociones: la influencia de la confianza en la productividad".

incremento de la productividad, ganancias y prosperidad dentro de una empresa o comunidad. Y por el contrario, cuando los vínculos en ese contexto laboral (o incluso en un nivel macroeconómico) se basan en la desconfianza, la envidia y los celos entre los miembros de un mismo equipo, eso interfiere de manera negativa en la productividad y la riqueza de una empresa, o incluso de toda una nación. En este sentido, donde florecen la confianza y las redes, los lazos sociales prosperan, y también los individuos, las empresas, y los barrios. Interesante, ¿no es así?

La familia: ese "nosotros" que nos habita

Una persona no sólo se relaciona con cada integrante de su familia, sino que la familia también influye como una totalidad. Internalizamos y nos identificamos con maneras de ser o de hacer, procedentes de una u otra figura de importancia en nuestra niñez (en un principio la madre y el padre o quienes cumplan esas funciones), pero también interiorizamos las dinámicas grupales, las maneras o modos de relacionarse de nuestra familia como un todo. Podemos tener dentro de nuestra mente a una pareja de padres permanentemente distanciados que se pelean a la menor provocación, y repetirlo en nuestra vida de pareja, o bien identificarnos con unos padres amorosos que se mantienen unidos y se cuidan entre ellos. También podemos haber conocido una relación de hermanos que son rivales a muerte, donde imperan la competencia y la envidia, o tener una idea de hermandad en la que predominan el cuidado, la solidaridad, la compañía, y que esto se antepone a otros afectos que también podrían estar en juego, como los celos (que siempre están presentes en mayor o menor medida). Podemos, en fin, tener adentro una familia tensa, enojada, poco comunicativa, o bien una donde cada miembro depende del resto para dar un paso, como las llamadas familias "muégano".

Estos ejemplos le permitirán al lector sacar sus propias conclusiones respecto a lo que significa internalizar o interiorizar: significa, en efecto, trasponer una experiencia, un vínculo, una manera externa de relacionarse, al mundo interno. Implica transferir de un espacio a otro cierta cantidad de relaciones o pautas de relación, de dramas, podríamos decir, articulados con ciertas cualidades amorosas o bien repletas de odio y violencia. Eso que percibimos del exterior, nos lo apropiamos de maneras inconscientes, y luego también inconscientemente lo repetimos. Y al repetirlo, lo transferimos a relaciones de amistad, laborales, amorosas, o a diversos aspectos del mundo en que vivimos (pues aunque todos compartimos el mundo, al mismo tiempo cada quien habita su propio mundo interior).

En este sentido, la familia como un "nosotros" se antepone a lo diferente, al "ellos": a esos "otros", que pueden ser la familia de junto o el mundo exterior con sus propias singularidades. Esto se percibe claramente cuando una nueva pareja se une. Cada uno "trae" consigo a su propia familia. No me refiero sólo a la familia real, la que vive a unas cuadras, en la casa de junto o en otra ciudad, o la que viene a comer los fines de semana. Además de esa familia, cada miembro de la nueva pareja trae a su "familia interna". Es decir, las pautas de relación que cada uno ha aprendido y con las que se ha identificado, quiéralo o no (eso nadie puede decidirlo, simplemente ocurre). Y pronto nos encontramos con esos entrecruzamientos, que cuando las cosas van bien fungen como enlaces creativos, y entre las dos modalidades o pautas aprendidas se suscita algo nuevo y bueno. La cosa se pone fea cuando en ese encuentro de pareja ocurren "cortos circuitos" y uno quiere convencer o imponerle al otro los modos de su familia alegando que son mejores; esto puede derivar en una rivalidad por hacer prevalecer un patrón de funcionamiento sobre otro. El siguiente diálogo nos ofrece un claro ejemplo.

MUJER: En esta casa hay que hablar uno a la vez, porque en tu familia todos gritan todo el tiempo... ¿Qué nadie los educó para escuchar a los demás?

HOMBRE: No, mujer: es mejor gritar y decir lo que uno piensa... No quiero que mis hijos crezcan teniendo que ocultar sus ideas. En tu familia nadie habla ni dice lo que siente; nada más guardan las apariencias y andan viboreando a las espaldas de uno.

O este otro:

MUJER (escandalizada): ¿Por qué cenan en el piso y viendo la tele?

HOMBRE (volteando hacia su esposa con aire de cansancio, pues se trata de una vieja pelea): Ya empezaste con eso... ¿Y por qué no podemos cenar aquí? Así he cenado siempre, desde que vivía con mis papás.

MUJER: Pues eso se acabó en esta casa. Aquí se cena como la gente decente: ponemos la mesa y apagamos la televisión.

Son sencillos ejemplos de la vida cotidiana, conflictos muchas veces remontables, es decir, susceptibles de negociación. El problema llega cuando las diferencias se vuelven abismales y las parejas quiebran por la aparente incompatibilidad de sus "familias internas".

Afortunadamente también puede ocurrir lo contrario: que en ese encuentro de pareja, las pautas aprendidas en el seno de una de las familias se entrelacen con las de la familia del cónyuge. Allí puede haber enriquecimiento, transformación, en tanto esa familia se vea beneficiada de las que la preceden. Por desgracia, del mismo modo pueden potenciarse aspectos negativos procedentes de cada una de las familias de origen, como los que conllevan una dinámica violenta o una validación implícita de la violencia.

Además de esa internalización de modos de funcionar en grupo, una persona establece relaciones más particularizadas con cada miembro de la misma familia. Hay subgrupos que funcionan aparte. Entre algunos llegan a darse gustos compartidos, maneras parecidas, complicidades, alianzas, que llegan a la exclusión del resto de la familia. Las motivaciones de estas alianzas no siempre se notan a simple vista. La madre y el hijo, el hijo y el padre, con tal hermano, con tal otro... Y estos modos, maneras, circunstancias, también forman parte de nuestro mundo interno, y también se reproducirán en ámbitos diversos, más allá del propiamente familiar. En el fondo, lo que internalizamos no es a un padre o a una madre, sino ciertos modos, rasgos de carácter, afectos, que repetimos de maneras muy inconscientes pues siguen operando en nosotros a lo largo de la vida, salvo que la vida misma nos dé oportunidad de hacer algunas modificaciones.

Llegados a la adultez podemos decidir no repetir con nuestros hijos costumbres que nos chocaban de nuestros padres pero de repente descubrirnos haciendo exactamente eso, lo que más nos molestaba del otro y que rechazamos por haber sido algo penoso para nosotros cuando éramos niños. A veces la vida, con sus encuentros, desencuentros y azares, nos permite salir de esas tramas. Otras veces, es necesario pedir ayuda y trabajar arduamente sobre aquellas experiencias, aparentemente ya pasadas y viejas y que sentimos como olvidadas, pero que aunque no nos percatemos siguen vivas, cercanas, actuales e incidiendo sobre nosotros.

ASOMÉMONOS POR ESTA VENTANA

La señora Equis es una mujer de más de treinta años, madre de tres niños, con un negocio propio del que se ocupa junto con el padre de sus hijos, el señor Zeta. Equis se casó enamorada de Zeta, pues desde el noviazgo le pareció alguien muy cuidadoso y gentil, nada mujeriego ni violento como su propio padre. Ella quiere alejarse y olvidar las escenas que imperaban en su infancia, con un padre extremadamente exigente al que cuando encontraba desorden en casa lo dominaba una ira incontenible que podía terminar en golpes a la madre o a los hijos, duros castigos, mucho llanto y desolación. Esto solía ocurrir cada vez que la familia se reunía a comer o a lo que fuera. Especialmente cuando los hijos estaban alegres y hacían un poco de desorden, el padre estallaba en improperios, y les ordenaba a gritos que se comportaran. La señora Equis, decidida a "dejar atrás el pasado", ha formado una buena relación con el señor Zeta, y aunque le costó lograr comunicarse con él fluidamente, ha aprendido a resolver los conflictos a través del diálogo y generalmente llegan a buenos acuerdos. También coinciden en educar a sus hijos con reglas claras, pero no demasiado rígidas, sin dar lugar a abusos ni atropellos como los que ella sufrió en la infancia. Quizás el único momento donde le cuesta regular su carácter es a la hora de la comida, pues no tolera el ruido en la mesa; sin embargo, se logra controlar y no permite que el malestar la domine.

La madre de Equis, muerta años atrás, no conoció a sus nietos. El padre, que con los años se fue volviendo cada vez más taciturno y solitario, los frecuentaba muy poco, pues es enemigo del desorden de sus nietos y de los niños en general. Un día, el padre de Equis muere. Ella, a pesar de haber tenido con él tan mala relación, siente un gran dolor. Algunas semanas después del entierro empiezan a notarse cambios en la dinámica de su propia familia. Cuando durante las comidas sus hijos hablan todos a la vez, ríen o hacen travesuras, como de costumbre, Equis siente, con mayor potencia que nunca antes, que una furia incontrolable le sube por el cuerpo. Esa rabia devoradora la llena de pensamientos negativos, de enojo y recelo respecto a lo mal educados que son sus hijos en la mesa o cuánto desorden hacen, además de que le parece que su esposo no los corrige. Impulsada por una rabia interna que no había experimentado, les grita que son cochinos, mal portados, que no tienen modales. Muy pronto, a los gritos les siguen los golpes sobre la mesa; Equis arroja los platos, y en algún momento lanza una cuchara a la cabeza de su hijo mayor, enfurecida por algo que ha dicho. A otro lo zarandea y le da un par de bofetones después de decirle "puerco". Nunca antes le había ocurrido algo así. A pesar de que el marido intenta calmarla, ella no puede parar. Siente una profunda culpa, pues se había prometido a sí misma jamás golpearlos. Estas escenas se van haciendo más frecuentes, hasta que Zeta, con quien también ha comenzado a pelear por cualquier cosa, platica, preocupado, con un compañero de trabajo, quien le sugiere que consulten con alguien. Equis, sensible al hecho de que es algo que no puede controlar, que no comprende y que la está sacando de sus casillas, accede. Pasará un tiempo antes de que ella misma logre darse cuenta, hablando de su propia historia y con un gran dolor, de las profundas huellas que ha dejado en su alma la violencia vivida durante años, y cómo estos eventos han "revivido" en ella a su propio padre, orillándola a repetir escenas y eventos que internalizó en la infancia.

Podemos intentar "huir" de nuestras historias de infancia, hacer como que no ocurrieron, tratar de "borrarlas", pero la historia siempre termina por alcanzarnos. Cuando se puede, lo mejor es intentar atajarla y revisar lo que hemos sufrido, antes de que ella nos detenga en el camino.

Las familias y los límites

Analizar la historia de una familia atendiendo a los límites que establece, o deja de establecer, ayuda a comprender su relación con la violencia.

Como vimos anteriormente, la interiorización de los límites o normas en el proceso de desarrollo mental es fundamental en lo que se refiere a los modos de convivencia dentro del ámbito familiar y, más ampliamente, en nuestras relaciones sociales. Dentro de la familia también puede rastrearse cómo funcionan los límites y en qué medida dependen de ellos las interacciones entre unos integrantes y otros. Según cómo funcionen los límites, es decir, cómo, dónde, cuándo y quién los coloque y cómo se sostengan en el seno de una estructura familiar, dependerá la mayor o menor vulnerabilidad de las relaciones familiares a sufrir, anidar y reproducir las dentelladas feroces del monstruo de la violencia, y también su capacidad para hacerles frente y contrarrestarlas.

Antes de abordar la clasificación de las familias desde el punto de vista de los límites, detengámonos unos momentos en este último concepto.

¿Qué es y cuál es la función de un límite?

En ocasiones los padres de familia y los maestros de escuela expresan preocupación sobre la "falta de límites" de algún niño, pero no siempre se reflexiona sobre qué es eso de los límites, en qué consisten o cuál es su función, especialmente en lo que atañe a los vínculos humanos. Podemos decir sin temor a equivocarnos que en un hecho de violencia visible o evidente, que no deja lugar a dudas, el límite se ha perdido por completo. Pero no olvidemos que existen violencias invisibles, menos obvias, y es donde el asunto se vuelve más complicado. Cuando no tenemos clara la noción de límite o éste no es nítido, llega a ser aún más difícil reconocer el momento donde sus líneas se difuminan. A eso se debe que muchas veces la gente no se percate de que ciertos acontecimientos son hechos de violencia: no se han percatado de que se rebasó el límite.

Para aclarar el panorama, "delimitar" el concepto de límite y ver cómo opera en distintos tipos de familia, comencemos por revisar el origen de la palabra. Proviene del vocablo *limes*, genitivo de *limitis*, y se puede traducir como "borde o frontera". Borde o frontera que marca un territorio y lo separa de otros. Si un límite es real, es fácil encontrarlo: una valla separa un terreno del de junto, por ejemplo. Lo vemos claramente, porque ahí está. Diferencia un espacio de otro. El límite también puede pensarse como el fin o grado máximo de una cosa que no se puede o no se debe superar ("Comí mucho, estoy satisfecho, llegué al límite"). Es decir, también podemos pensar el límite como una restricción, y en ese sentido hablar de un límite legal, social o de otro tipo; los límites siempre son necesarios para no perdernos en un sinfín de posibilidades. La función del límite consiste en diferenciar, separar o distinguir ya sea un espacio, estado, afecto, territorio, modo, asunto, función o cualquier cosa existente, de otra que está a su lado o más allá, que no es la misma, y de la cual se distingue.

Sin límites nos perderíamos en lo infinito. Y el lenguaje, las palabras, nos ayudan a ubicarnos, en la medida en que, al pensar, diferenciamos y organizamos nuestras ideas. No obstante, el límite también necesita límites. Ya veremos que cuando es excesivo, es decir, cuando se "extralimita" (por exceso o por defecto) en cuanto a su función organizativa y de diferenciación entre las cosas, pierde su objetivo y nos desorienta, hasta que nos perdemos y dejamos de percibir las diferencias.

Parte de la dificultad de reflexionar sobre los límites radica en que no siempre son algo que podamos dibujar o trazar con tanta claridad como una línea que demarque dos terrenos: no siempre hay vallas, bardas o símbolos explícitos y fácilmente reconocibles que nos avisen que estamos transgrediendo o pasando una frontera. Especialmente cuando se trata de afectos, sentimientos o puntos de vista.

Cuando los límites son invisibles

Los límites que atañen a los vínculos entre las personas, si bien suelen ser invisibles, se expresan en muchos niveles y están estrechamente relacionados con las reglas que aprendimos en la infancia. Nadie que esté en sus cabales anda desnudo por el Periférico ni orina o defeca en medio de una plaza pública. Tampoco vamos por la vida diciendo lo que pensamos de cada persona, así nada más; de hecho, lo que pensamos suele pasar por varios filtros antes de que lo verbalicemos; excepto justamente las personas que no tienen ningún límite interno y dicen lo que sea sin ambages.

Si un amigo nos dice "Ya me colmaste la paciencia", nos está marcando un límite sin que necesariamente tengamos clara la frontera que transgredimos. Hay límites invisibles que llevamos dentro, que hemos asumido desde la infancia como algo necesario para la convivencia social, y que nos cuesta menos reconocer. No obstante, hay otros que también son invisibles, pero no son fáciles de distinguir. Esto se evidencia especialmente cuando se trata de la educación de los niños. En este campo entra en juego la subjetividad de los padres, es decir, lo que ellos hayan aprendido de sus propios límites internos. Difícilmente un padre pondrá límites claros cuando él mismo los desconoce. Además, los límites no son cosas que se puedan consultar en un manual. Algunos de ellos son básicos y de cajón, y si a alguien le faltan es probable que la cosa marche bastante mal en su vida (como veremos más adelante con mayor detenimiento). Otros son más relativos y, según la situación y el contexto, su ausencia puede tolerarse sin tanto problema. Todo esto depende fundamentalmente de la educación que hemos recibido desde el nacimiento y de nuestra experiencia interna de familia, así como lo que la vida misma nos haya enseñado a reforzar o modificar.

Por ejemplo, un hecho concreto: la importancia que cada quien le concede a la hora de irse a dormir. En el seno de determinada familia, que un niño de siete años se quiera quedar jugando hasta más tarde puede ser "intolerable" y tomarse como una gravísima falta, mientras que en otra familia puede ser que se permita que el niño se desvele cuando quiera, sin importar que tenga o no clase al día siguiente. En otra familia más, puede que se tolere de vez en cuando, sin grandes dramas, pero cuidando que no se vuelva una costumbre, pues eso pondría en riesgo el aprovechamiento escolar. Del mismo modo, en una familia puede ser tolerado que los hermanos se golpeen entre ellos (incluso favorecido), sin que entren en juego los límites básicos que establecen que los hermanos no se golpean y que además los más fuertes no les pegan a los más débiles.

Aclaremos que poner límites no equivale a ser intolerante: por el contrario, muchas veces en la intolerancia se pone de manifiesto la falta de límites.

Y bien, ¿cómo y dónde se le ponen los límites a un niño? Si no los vemos, ¿podemos medirlos de alguna manera? ¿Cómo podemos atisbar su presencia o su ausencia? Sería de gran ayuda tener en casa un "limitrómetro" que detectara cuándo falta o cuándo se rebasa un límite, especialmente en el campo de la educación de los hijos, pero eso no existe. En todo caso, lo llevamos dentro como producto de nuestras propias experiencias; en ocasiones, si los límites fueron transmitidos de manera defectuosa, es posible construirlos o reconstruirlos.

Desde el punto de vista psicológico, el límite es fundamental en el desarrollo de un niño, pues sólo a través de los límites impuestos desde el exterior (es decir, por los adultos a cargo de sus cuidados) se puede conformar su identidad.

Veremos a continuación qué ocurre en el campo de los vínculos familiares, cuando el límite pierde su función (la de marcar diferencias o separar estados, roles, funciones) y, por ende, deja de operar como tal. Por ejemplo, cuando se "extralimita": cuando es tan rígido o tan blando que simple y llanamente deja de existir.

Los límites y las reglas en la dinámica familiar

La función del límite dentro de la familia está asociada a la noción de regla. Las reglas familiares son equivalentes a los principios (límites) que se van forjando a lo largo del tiempo y a través de múltiples ajustes, y se ejercen desde la singular experiencia de esa familia, con dinámicas propias que la distinguen de las demás. No hay que olvidar un aspecto fundamental e intrínseco en la noción misma de límite: la posibilidad de ser rebasado. De hecho, cuando es más rígido y severo, más ganas dan de transgredirlo. Ésta es la paradoja propia de todo límite. Los niños son prueba de eso. De la confianza que tengan en los adultos a su cargo dependerá si, en su proceso de internalización de los límites, buscan transgredirlos, y cómo.

El niño que no responde a los límites, que no les hace caso y una y otra vez vuelve a transgredirlos, tal vez aún no se los ha apropiado, o no los tiene claros, con lo que prolonga su relación de dependencia con el adulto. Aquí hay que plantear dos preguntas. Una dirigida al niño: ¿por qué aún necesita que alguien le recuerde con insistencia tal o cuál cosa? Y otra dirigida al adulto responsable: ¿qué ha hecho o dejado de hacer para impedir el reconocimiento de un límite y prolongar más allá de lo debido esa dependencia entre el niño y él?

En esta ida y vuelta que es el aprendizaje, especialmente en el ámbito familiar, hay varios tipos de normas que buscan regular, ordenar, dar un sentido a las relaciones entre los miembros de una familia, así como a los vínculos que van tejiéndose con el mundo externo.

Son reglas que van desde las reconocidas o explícitas hasta las implícitas: tanto las que se sobreentienden pero pueden nombrarse hasta las inconscientes o secretas.

¿Hay algún límite básico del cual dependan todos los demás?

Hay límites o reglas que no siempre se reconocen abiertamente dentro de una familia, pero ahí están. Son, pues, implícitos, y en ocasiones incluso secretos o inconscientes. Consisten en acuerdos, responsabilidades o tareas que atañen a distintas áreas de la convivencia cotidiana. Hagamos una analogía con las capas geológicas de la Tierra: el límite que está en la base de todo, el estrato más hondo y más antiguo, el que sostiene a los demás límites es una ley que opera al interior de cada familia y de cada persona pero sin ser plenamente consciente: la ya mencionada ley de prohibición del incesto.

Esta regla básica, que se transmite de generación en generación, es nada menos que la base de nuestra cultura. A partir de que la internalizamos durante la infancia, la llevamos siempre puesta. Cuando en una familia falta o no opera esta ley, significa que algo anda muy pero muy mal, y esa ausencia tendrá graves repercusiones psicológicas para los niños que crecen en ella. Los padres pueden hacer referencia a ella (por ejemplo, cuando el niño dice que se quiere casar con su mamá o besarla como novios, y los padres dicen que no, eso no se puede), sin necesariamente darse cuenta de que lo que están haciendo es transmitir la ley que nos humaniza, en el sentido de culturizarnos. Si esta regla básica no se articula en el seno de una familia, ya empezamos mal. Si funciona de manera fallida o se desdibuja, también habrá problemas. Si al niño no se le prohíbe el contacto más íntimo cuerpo a cuerpo con un padre o ambos (dormir en su cama, bañarse juntos, tocarse el cuerpo), es probable que su funcionamiento psíquico se vea perturbado. Esto no es un asunto "moralino" ni implica una represión malsana de la sexualidad: tiene más que ver con los efectos que la sexualidad adulta tiene sobre el niño, quien desde el nacimiento empieza a experimentar un desarrollo sexual. Abundar en este complejo asunto daría lugar a un libro entero, pero es necesario que aquí al menos lo dejemos anotado, dada su importancia central para el tema de los límites.

Los límites que siguen a la más básica de todas las reglas

Entre los estratos que se conforman a partir de la regla fundamental de prohibición del incesto hay algunos explícitos y otros implícitos, inconscientes o "secretos".

Las reglas explícitas son las que se hablan clara y abiertamente; muchas de ellas se transmiten de generación en generación. Por ejemplo, una familia puede tener la regla de que los mayores no les pegan a los más chicos, o ciertos horarios fijos para realizar determinadas actividades, y estas reglas pueden ser más o menos flexibles o no serlo en lo absoluto. Flexibles o rígidas, en todo caso son reglas que todos los miembros de una familia reconocen, pues en algún momento han sido verbalizadas. Otra cosa es que todos las respeten. Un padre puede prohibir a sus hijos ver la tele a la hora de la comida pero él sí encender el aparato al sentarse a la mesa, transgrediendo la regla que él mismo impuso, inconsistencia que no dejará de tener efectos en los más pequeños. Pero aunque él no la obedezca, es una regla existente y explícita.

Hay reglas que, habiéndose instaurado en cierto periodo de la vida de una familia, con el tiempo van a exigir transformaciones, en la medida en que los integrantes del grupo vayan cambiando. Se trata de límites que se conocen abiertamente, aunque no se hable de ellos con frecuencia, y que son susceptibles de discutirse y reconsiderarse. Esto es especialmente necesario cuando los hijos crecen.

Si cuando el niño es pequeño la hora de irse a la cama es a las siete u ocho de la noche, cuando el hijo crezca eso tendrá que cambiar forzosamente, o estaríamos frente a una regla rígida, que probablemente traerá perturbaciones de los vínculos.

Los límites explícitos tienen que pasar a formar parte del estrato implícito una vez que los niños los asimilan o internalizan, esto es, cuando se los apropian internamente, los respetan o los cuidan, y aunque los transgredan, al menos tienen claro que lo están haciendo. El ejemplo de dos hermanos que se cuidan entre sí puede ser muy ilustrativo. Es probable que al nacer el más pequeño, el hermano mayor haya sentido celos y haya tratado de lastimar al nuevo miembro de la familia. Si los padres intervienen apropiadamente y sin alimentar celos y rivalidades, cuidando al mayor de su propia agresividad y recordándole que a él también lo aman, seguramente ese niño conseguirá amortiguar sus propios sentimientos y defenderá al hermano menor, no sólo de otros niños, sino de sus propios impulsos agresivos.

Eso simplemente no pasará si el niño no tiene internalizado ese límite. En esos casos no se trata de rebasar los límites: si alguien no lo tiene, ni siquiera lo reconoce; no lo advierte, no lo ve: pasa de un lado al otro de la frontera sin percatarse de que existe. Un bebé de pocos meses que muerde y lastima a su mamá mientras lo amamanta no rebasa ningún límite: a su edad le es imposible percatarse de él. Tiene que irlo aprendiendo paulatinamente, para comprender e internalizar el hecho de que sus impulsos agresivos pueden dañar a quien ama. No obstante, a veces encontramos a niños ya mayores que necesitan que un adulto les esté recordando constantemente dónde está el límite. Cuando esta situación sigue de largo en el tiempo tenemos la ya mencionada dependencia entre el niño y el adulto que se prolonga más de lo necesario.

Las reglas varían según las características de cada agrupación familiar. Si los límites aún no se han explicitado, los niños pueden aprenderlos a partir de la observación de la conducta de los adultos que están a su cargo. Por eso es tan importante mantener una coherencia entre lo que decimos y lo que hacemos (o al menos ser conscientes de las incoherencias): los niños captan rápidamente las contradicciones e incongruencias entre pensamiento y conducta. Admitirlas y trabajarlas desde nuestro lugar adulto es ya un adelanto y una responsabilidad.

Un niño que está creciendo en un medio donde rige la violencia puede tener como "regla" golpear a los más débiles, porque esa es la "regla" implícita en su casa (por más que sea una regla pervertida), ya que el padre acostumbra someter a los hijos y a la mujer para mostrarles "quién es más macho". Que eso se imponga como "regla" es una desmesura. Ahora bien, si ese niño golpea para sobrevivir, pues el medio en el que crece es hostil y violento, de no hacerlo estará en una desventaja terrible y en riesgo de morir. Como se ve, el asunto se complica. Lamentablemente, este ejemplo no es pura teoría; en nuestra sociedad se ve mucho: los niños sicarios son productos de ambientes de este tipo, donde no se encuentra otra salida para sobrevivir.

Una regla explícita sólo puede contrarrestar a una regla implícita (que puede ser pervertida) si los adultos la sostienen en la práctica y se conducen de acuerdo con ella. Por ejemplo, un padre de familia puede controlar los celos y la agresividad entre dos hermanos que se golpean, regulando ese vínculo con la regla de que eso está prohibido, ayudándolos a negociar sus diferencias colocándose, desde su posición de madre o padre, como un "árbitro". Eso funcionará mientras los padres respeten esa regla explícita y nunca incurran ellos mismos en insultar, gritar o zarandear al cónyuge o a los hijos para desahogar su angustia en momentos de estrés. Si son conductas repetidas, la regla explícita se desintegrará como castillo de arena arrasado por una ola. Lo que esos niños entenderán es justamente lo contrario de lo que dice la regla que se pretende transmitir: aprenderán que los más fuertes usan la violencia sobre los más débiles para desahogar sus tensiones internas.

Ocupan otros estratos más profundos los límites o reglas secretos o inconscientes. Éstos suelen estar relacionados con vivencias infantiles de los progenitores y se reproducen silenciosamente en su nueva familia nuclear. De maneras no evidentes, estas reglas pueden desencadenar, producir, inhibir o bloquear reacciones, actitudes o conductas en uno o varios miembros del grupo. A partir de ellas se puede manipular o llevar a un punto determinado a un miembro de la familia o a toda la familia completa.

En la labor psicoterapéutica es frecuente encontrarnos con situaciones que manifiestan la existencia de estas reglas inconscientes o secretas, a las que la violencia se aferra para operar y reproducirse. Es común, por ejemplo, encontrar en una familia un chivo expiatorio; es decir, uno de los miembros, casi siempre un hijo, se convierte en el depositario de las proyecciones negativas del resto del grupo. Los demás lo agreden, lo lastiman y lo denigran con el consentimiento implícito de los adultos. Y ocurre que ni él mismo, ni el resto del grupo, se percata de que están obedeciendo a una regla pervertida, una regla de maltrato.

Es muy difícil sortear estos problemas, pues solemos ser fieles a nuestras figuras de autoridad de la infancia, a las reglas inconscientes que nos transmiten, aunque esas lealtades en ocasiones vayan en contra de nuestro bienestar y crecimiento, como en efecto ocurre cuando hay violencia. Numerosas veces he visto en consulta que sólo después de mucho tiempo una persona revela hechos de violencia que sufre en el presente o sufrió tiempo atrás, y que ha acallado porque no los recordaba o no había registrado su dimensión violenta y porque "de la violencia no se habla".

Trascender esos mandatos tácitos, reconocerlos, es una de las barreras más difíciles de vencer, tanto en un proceso psicoterapéutico como en la vida misma.

El límite "delimita" los roles en la familia

Para entender las dinámicas y modos de funcionamiento de una familia es fundamental mirar el papel o rol que cada miembro de ésta desempeña. Al asignarle a alguien un rol se estipula, explícita o tácitamente, que esa persona puede (y debe) hacer ciertas cosas y otras no. Mediante los roles se marcan diferencias de unos respecto a los otros. Los roles tradicionales son los que más claramente permiten percibirlo. Padre y madre tienen cada uno su propio rol: a veces el que cultural y socialmente se asigna a cada uno en función de su sexo, o a veces según los rasgos de carácter y personalidad de cada quien. Pero independientemente de cómo haya sido asignado el rol, lo que hace uno lo diferencia del otro. Dentro de la familia se conforma un límite que, aunque no siempre sea nítido, plantea funciones o tareas muy distintas para cada quien. En ocasiones, algunas de estas funciones pueden compartirse o cederse temporalmente, ya sea por necesidades propias del grupo familiar o por circunstancias específicas de alguno de sus miembros. Una parte de estos roles estarán determinados por la biología: un hombre, por más que lo desee, no podrá parir o amamantar a su bebé. No obstante, podrá alimentarlo con un biberón y hacerle arrumacos "maternos" para dormirlo, y tierna y amorosamente atenderlo y cuidarlo. Una madre puede tener ciertas funciones que antes se asignaban exclusivamente a los hombres, como el de ser proveedora. (Hoy en día esto es de lo más común; de hecho es frecuente que padre y madre tengan trabajos remunerados, pues rara vez basta con un salario para mantener a la familia. Esto es un ejemplo de cómo la economía nacional impacta a las familias, la modalidad de sus vínculos y, por supuesto, a los niños que se desarrollan en su seno).

Así como los padres ejercen sus distintos roles, la posición de un hijo en la familia también tiene sus particularidades. Estar en el lugar de hijo también supone determinados límites, aunque muchas veces se transgredan: es lo que ocurre cuando a los niños se les asigna el papel de tener que ocuparse de sus padres o de sus hermanos menores, como si ellos mismos fueran adultos. En la mayoría de los casos esto representa una violenta carga de responsabilidad para los niños. Ocurre muy a menudo en familias de clase media baja o en familias de escasos recursos: los niños mayores quedan a cargo de los más pequeños, sin más regulación que sus propios y precoces criterios. En la práctica profesional me ha tocado conocer casos muy dolorosos donde niños o niñas de siete, ocho o nueve años se hacen cargo de sus hermanos chicos; se les da la orden de "cuidarlos" para que nada malo les pase mientras los padres van a trabajar. En el mejor de los casos, ese trastocamiento de roles, en el que al niño se le asigna temporalmente el rol del padre o de la madre, provocará un desborde de angustia que tarde o temprano mostrará sus efectos. Hay allí una sobrecarga de exigencia psicológica. Y si ocurre un incidente que lastime a los más chicos o arriesgue su vida, tanto los pequeños como los mayorcitos sufrirán un trauma: un sufrimiento que rebasa el límite de lo tolerable. Las consecuencias pueden ser devastadoras.

A continuación examinaremos una clasificación de familias de acuerdo con su tratamiento de los límites (familia rígida, familia con límites desdibujados y familia con límites flexibles), para ver cómo se relaciona esto con el monstruo de la violencia. Esta clasificación tiene un propósito ilustrativo. No olvidemos que hay tantos tipos de familias como familias hay en el mundo: en la realidad ocurre que en una misma familia se mezclen distintos rasgos, o que convivan simultáneamente reglas muy rígidas con otras completamente desdibujadas.

Tipos de familia desde el punto de vista de sus límites

LA FAMILIA RÍGIDA

Ubico en el extremo de las familias rígidas a aquellas en las que prevalecen relaciones jerarquizadas y verticales, es decir, en las que se considera que unos, hasta arriba (puede ser uno de los padres o ambos), hacen uso del saber y el poder sobre otros, ubicados por debajo de ellos (normalmente los niños pero en ocasiones también la pareja, típicamente la mujer), de una manera que tiende a ser prepotente e intolerante. Casi siempre son familias de corte tradicional, en las que el hombre tiene todas las prerrogativas y libertades, mientras que la mujer y los hijos están supeditados a sus designios y caprichos. Son familias de corte machista, donde el rol de la mujer se limita a ser madre y esposa, con poca acción fuera de ese campo.

Sin duda, la experiencia que tiene un adulto le falta a un niño: el adulto sabe y puede más que el niño sobre una amplia cantidad de cuestiones de la vida. Y de hecho esta asimetría es necesaria para que el adulto sea soporte, ayuda y protección de los más chicos. Si un niño quiere meter los dedos al enchufe de la luz o cruzar solo una avenida transitada cuando aún no tiene edad para eso, los padres cuidadosos meterán un buen grito para evitar que ocurra, y de manera tajante, y a lo mejor agresiva, le dirán que eso está prohibido o que tiene que aprender a hacerlo, pues corre peligro de electrocutarse o de que lo atropellen. Vemos aquí otro ejemplo donde la agresividad puede ser necesaria para cuidar la vida. Sin embargo, dependiendo de la circunstancia, el adulto deberá matizar y administrar su saber, su poder y, por supuesto, su agresividad, para ir marcando los límites necesarios en el cuidado de los niños; aquí el límite tiene claramente la función de protegerlos del peligro. Muy diferente es cuando se abusa de ese saber y ese poder, y la palabra y disposiciones del adulto se toman como verdad absoluta e inamovible, incluso en circunstancias en las que el niño podría tener opinión, capacidad de decidir o deseos de experimentar una manera diferente de hacer las cosas.

Estamos, pues, frente a un tipo de vínculo donde predomina un límite inflexible; relaciones familiares en las que los límites son unidireccionales y rígidos, y hay escasa posibilidad de negociar a través de la palabra, del diálogo, de la comunicación, para intercambiar puntos de vista, pensar y considerar las particularidades de cada situación. Esta rigidez estrecha las posibilidades de enriquecimiento emocional y experiencial de los chicos, que así se pierden del rico aprendizaje que entrañan la búsqueda y la exploración.

Una colega psicoanalista narraba el caso de un chiquito que mostraba un grave retraso motor e intelectual, sin que hubiera ningún dato orgánico que lo explicara. Al hacer la historia clínica se descubrió algo: desde el nacimiento de la criatura, la madre y el padre mantenían al bebé metido en la cuna o dentro de una jaula o corral para que "no corriera peligros, ni se ensuciara, ni se enfermara". El niño, que al principio lloraba pidiendo salir de su encierro, terminó por darse por vencido, a costa de un empobrecimiento del espíritu de búsqueda, de investigación, que forma parte de nuestra condición humana. Estos padres, sin necesariamente tener malas intenciones, y tal vez sólo con el afán de proteger a su hijo, cayeron en una sobreprotección que significó una violencia invisible sobre su desarrollo.

Estas desfiguraciones del límite llevan a un grupo familiar a situaciones como la que se plantea en la película *El castillo de la pureza*, largometraje mexicano dirigido por Arturo Ripstein en 1972, y que es un clásico del buen cine nacional. Me basaré en su trama para ilustrar los efectos del límite que provoca violencia extralimitándose hacia el lado de la rigidez, y perdiendo así su condición de límite al convertirse en barrera. Cuando hay una barrera, se pierden las diferencias: ya no se ve qué hay del otro lado. Al mismo tiempo, el límite al rigidizarse y transformarse en barrera se vuelve débil en tanto límite, pues pierde su función normativa y ya no sirve para evitar la violencia.

El castillo de la pureza *o el límite que se extralimita*

La cinta *El castillo de la pureza* (basada, según se dice, en hechos reales) narra la historia de una familia en la que el padre, preocupado por la corrupción y maldad del mundo, quiere "salvar" a sus hijos manteniéndolos en una condición de "pureza", para lo cual decide encerrarlos dentro de la casa desde que nacen.

Cuando empieza la película, el hijo mayor, Porvenir, ya tiene dieciocho años; la hija que sigue, Utopía, también es ya una adolescente, y la menor, Voluntad, todavía es una niña. Como se ve, los solos nombres evocan una atmósfera singular, ya no digamos la vida en clausura. También la madre se mantiene encerrada dentro de la casona; el padre es el único que tiene permiso (otorgado por él mismo) para salir a la calle. Su propósito de "salvar a su familia del mundo corrupto" los lleva a una situación extrema. Al alzarse una barrera que los separa por completo del mundo exterior, el límite se extralimita y pierde su condición para operar como tal. A partir de allí se multiplican las reacciones de violencia de Gabriel, el padre, frente a cualquier espontaneidad de los hijos, y con especial saña las que atañen a la sexualidad. Él y sólo él determina los "límites y reglas", que por lo general él no acata: todo lo que su familia tiene prohibido, Gabriel se lo permite en cuanto pone un pie en la calle. Al determinar la vida de los otros de manera tan radical, sin dejarles opción de decidir ni en los aspectos más sencillos, ha transgredido un límite fundamental: el respeto al derecho ajeno. Esto suscita una perversión de las relaciones entre los hermanos, de él con la mujer y de él con los hijos, que va haciendo que su imposible "castillo de pureza" se cimbre y resquebraje.

Le recomiendo al lector que vea esta película, que ejemplifica de manera lúgubre y extraordinaria lo que es un límite que se extralimita y los extremos a los que puede llegar la rigidez en la aplicación de reglas y normas.

Más sobre la familia rígida

—Ponte esta ropa —le dice la madre a su hijo de más de diez años, aventándole una serie de prendas.

—¿Por qué? —se atreve a cuestionar el hijo—, yo quiero ponerme esta otra.

—Porque yo digo —responde la mujer.

Y si no quiere llevarse una regañiza, más le vale al niño hacer lo que dice su severa madre. O si su madre se parece a Gabriel, el padre de *El castillo de la pureza*, es muy probable que el niño no se atreva a rechistar, ya no se diga oponerse abiertamente a los mandatos de su progenitora. Él sabe perfectamente a lo que se atendría. A Porvenir, el hijo mayor de Gabriel, al menor signo de rebeldía le tocaba golpiza con una vara y encierro en un sótano oscuro y frío, sin comer, hasta que Gabriel determinara que era suficiente para aprender la lección de obediencia. Una lección de obediencia que ese padre cree dar por amor, pero aquí habría que hacer una distinción imprescindible: no es lo mismo "amar" en abstracto a los hijos que interesarse genuinamente en lo que les pasa como personas. Harían bien los padres en traducir ese amor en algo real, que se manifestara en saber escuchar a un hijo como un ser independiente, con sus propias diferencias, deseos, necesidades, capaz de tener ideas propias y un proyecto personal.

Hemos visto que Gabriel determina y decide todo lo concerniente a su familia, sin tomar en cuenta las necesidades o deseos legítimos de ellos. ¿Por qué un niño de diez años no podría elegir la ropa con la que se siente cómodo? En familias como la de Porvenir, Utopía y Voluntad, donde se imponen la censura y el silenciamiento de los afectos, de las motivaciones o las razones de los más jóvenes, lo que vemos es una fuerte tendencia al autoritarismo, donde uno solo de los adultos determina límites y reglas, sin una auténtica consideración por los demás y de manera unidireccional. Y él, por su parte, puede hacer lo que sea, pues si bien él determina dónde, cuándo y a quién poner los límites, no se mide a sí mismo con la misma regla. El límite, siendo unidireccional, no lo atraviesa ni delimita a sí mismo, mientras que él sí puede extralimitarse con los hijos o con la esposa. Como hemos dicho, el límite rígido es débil desde el momento en que pierde la función que le es intrínseca.

En estos vínculos predomina una especie de dictadura o tiranía. Los síntomas, las rupturas o crisis, las violencias visibles o invisibles, pueden ser impactantes, pues no se ha creado una relación de confianza en la palabra y, al no existir posibilidad de negociación, tampoco hay posibilidad de transformación dentro de la familia misma. Esto se acentúa cuando los hijos entran a la adolescencia, una etapa convulsiva en sí misma, en la que típicamente los jóvenes cuestionan a sus padres.

Si la estructura familiar no admite la posibilidad de ser modificada junto con la transformación de sus integrantes, hay quiebres importantes de los vínculos: situaciones de mucha violencia promovidos por la intolerancia de quienes ocupan la posición de poder. Los límites rígidos que se convierten en barreras infranqueables desembocan en intolerancias.

Muchas de estas familias vienen de tradiciones o estructuras con características que se han reproducido generación tras generación. En ellas se incuba el monstruo de la violencia en varias de sus facetas. Puede haber violencias explícitas o visibles, como la física, pero sin duda también predomina en gran medida la violencia psicológica. Las humillaciones, descalificaciones, denigraciones son como el aire que se respira. Los dobles discursos o "doble moral" forman parte de sus modos habituales de operar. Los niños se acostumbran, tal como los padres se acostumbraron cuando eran niños. Los más pequeños sometidos a estas situaciones sienten que si desobedecen ponen en riesgo el amor de sus padres hacia ellos; temen el abandono o el rechazo si contrarían los mandatos de las figuras de autoridad. Frente a la desconfianza vincular que esto genera, la salida es mentir, engañar, hacer las cosas "por debajo del agua".

En familias donde el más fuerte ejerce la violencia sobre el más débil se forman relaciones donde uno es verdugo y el otro es víctima, caracterizadas por el abuso sostenido a través de la impunidad.

"Como soy tu padre y te quiero, te golpeo. Es por tu propio bien", diría Gabriel a Porvenir. Detrás de este tipo de afirmaciones se puede esconder el sadismo o incluso la psicosis de un adulto, que en aras de una supuesta educación utiliza al más débil para su propio beneficio. Debemos anotar, sin embargo, que también ese adulto trae consigo el lastre de sus propias experiencias tempranas, con las que se ha identificado; puede que en verdad crea que ese tipo de prácticas son benéficas para la educación de sus hijos. Sin poderlo evitar, en ocasiones ese adulto malversa su función de padre, que debería consistir ante todo en cuidar y proteger a los más jóvenes de la violencia y del maltrato, venga de donde venga. Estos adultos abusan, muchas veces porque no conocen otra manera de relacionarse: crecieron en grupos familiares o sistemas sociales donde predominaba la violencia. Por su parte, al niño que es objeto de abuso y violencia (en cualquiera de sus modalidades) se le pide lealtad y silencio, con lo que se le niega la posibilidad de expresar su sufrimiento o dolor, hasta que la vida tarde o temprano le permita encontrar una salida a esas dinámicas.

ASOMÉMONOS POR ESTA VENTANA

Cierta madre de familia golpeaba a su hija de ocho años por las cosas más triviales. Decía hacerlo "por su bien, para que se enseñe a hacer las cosas como se debe". La mujer trajo a la niña a consulta conmigo con motivo de algún tema escolar. La niña no reveló que la golpeaban hasta mucho después de haber empezado la terapia, y sólo por un desliz: por primera vez se sentía en confianza con un adulto para hablar de su propio sufrimiento. No obstante, a esta niña, inteligente y sensible, le aterraba el hecho de que yo pudiera decírselo a su mamá, pues sentía que haber revelado cómo funcionaba su vida cotidiana era una infidelidad hacia la madre. La niña misma en ocasiones decía que su mamá la golpeaba "por su bien, porque la quería mucho y se preocupaba por ella".

Tenemos aquí una clara tergiversación: un trastrocamiento, una confusión de los afectos. El dolor y el sufrimiento se vuelven la guía de la relación "amorosa". Hubo que trabajar mucho con ambas para que la madre se diera cuenta de que esa manera de "educar" estaba repleta de lo que había sido su propia "educación", en la que los padres siempre le propinaron golpizas y la descalificaban constantemente "por el bien de la niña". A partir de esta revelación, cada vez que se sentía impulsada a la violencia física hacia su hija, no sólo ella lograba detenerse con un gran esfuerzo, sino que la misma niña le recordaba que eso era un abuso y que quizás podían resolver sus diferencias hablando.

Repercusiones de la violencia en los niños

Como el lector ya habrá detectado, estamos revisando un "círculo vicioso". Los niños llevan consigo hasta la adultez vivencias tempranas en su desarrollo, particularmente cuando son receptáculos de episodios de violencia persistentes a lo largo de su infancia. Cuando un pequeño es sometido a situaciones de violencia es porque el adulto busca "sacarse de adentro" esos afectos depositándolos en otros más vulnerables. Es posible que, de niño, ese adulto también haya sido víctima de situaciones parecidas y que no haya conseguido restituir, reparar o sanar los efectos devastadores de esas experiencias. Recuérdese que llamamos trauma psíquico o psicológico tanto al evento que ataca el bienestar o la vida de una persona como a la consecuencia de ese evento en la mente o en la vida emocional. Es como si dicho evento dejara una profunda marca en el alma de quien lo sufre, una herida abierta que, si no sana, es posible que no cicatrice jamás, e incluso que supure indefinidamente, se infecte y cause mayores males.

El abanico de maltratos de los que puede ser objeto un niño van de los más evidentes y visibles, como la violencia física, que deja en el cuerpo huellas que pueden alertar a personas fuera del ámbito familiar, hasta violencias silenciosas o invisibles que no dejan huellas detectables a simple vista. Se sabe que la violencia física es muy común en las clases económicamente desfavorecidas, mientras que las clases pudientes recurren más a tipos invisibles de violencia debido a la necesidad de "mantener las apariencias". Aunque hemos establecido una distinción entre violencia física y violencia psicológica, cabe señalar que la violencia física forzosamente deja secuelas psicológicas. De todas formas es importante no perder de vista esta clasificación, para no dejar de percibir la violencia, por invisible que sea, y comprender su trascendencia en la vida de un ser humano.

Está sometido a una violencia psicológica invisible un niño al que se agrede con palabras de humillación, de devaluación de su persona (ya sea en lo físico, lo mental, lo emocional o lo intelectual), de rechazo. También puede ocurrir que se confunda al niño por emitir dobles mensajes (por ejemplo, que lo insulten y le digan que es "porque lo quieren mucho"). Puede ser una permanente guerra de baja intensidad, pero con estragos profundos y dolorosos. Cuando el padre de un niño le dice todo el tiempo "inútil" o "bueno para nada", ejerce sobre él una violencia invisible que un espectador externo difícilmente podrá detectar. No obstante, ese niño crecerá creyendo que es un inútil y un bueno para nada, y probablemente ese sentimiento de autodevaluación lo lleve a hacer del fracaso un puerto al que siempre busque llegar.

ASOMÉMONOS POR ESTA VENTANA

Recuerdo a un hombre de edad madura que en consulta siempre decía que él no entendía, que era "muy limitado y tonto", que "esas cosas de pensar" no se le daban. Paulatinamente lo interrogué y cuestioné las ideas devaluadas que tenía sobre sí mismo. Así, juntos descubrimos que provenían de violencias "invisibles" repetidas durante su infancia. Su padre le decía que él era inferior al resto de sus hermanos porque había presentado cierta dislexia cuando empezó a aprender a leer y escribir. Su propio padre venía de una historia de guerra y tortura, a la que sobrevivió exiliándose junto con su familia. El padre había interiorizado en su infancia violencias de las que se "descargó" violentando a la vez a su hijo. A "moldear" la baja autoestima de este hombre contribuyó no sólo su padre, sino también viejos recursos que se usaban abiertamente en las escuelas de antaño (y lamentablemente todavía se usan en muchos lugares), que en la actualidad reconocemos como indiscutiblemente violentos. Fue así como cierto maestro se valió de sus dificultades con la lectoescritura para torturarlo sistemáticamente. Él era el "preferido" para pasar al pizarrón y responder frente a sus compañeros preguntas justo sobre aquellos temas que más se le dificultaban. La clase entera, incitada por el maestro, se reía a carcajadas y le ponía apodos para burlarse de su "corta inteligencia". Prácticamente todos los días terminaba en una esquina con un par de orejas de burro. Nadie salió nunca en su defensa. No extraña, pues, que haya crecido creyendo que no podía pensar y que era tonto.

En cierto punto de su proceso terapéutico le dije que su maestro no sólo no tuvo recursos para ayudarlo a entender lo que le pasaba, sino que, lejos de eso, lo violentó y torturó despiadadamente al hacerle creer que era incapaz de pensar. Al escucharme se sorprendió. Por primera vez se daba cabalmente cuenta de haber sido víctima silenciosa de hechos de violencia, provenientes, para colmo, de sus vínculos más cercanos e importantes. En ese momento algo nuevo se abrió para él y empezó a dudar de su supuesta incapacidad de pensar. Esta revelación que le llevó a redescubrirse tuvo efectos muy benéficos en su vida y en la de sus seres queridos. No olvidemos que lo que ocurre en cada ser humano afecta a los que están cerca. Y si vamos sacando cuentas, el efecto puede llegar muy lejos... para bien y para mal.

Más consecuencias de la rigidez familiar sobre el desarrollo infantil

Un niño que ha sido violentado internaliza paulatinamente un código de violencia que, al carecer de otro parámetro de comparación, él mismo repetirá dentro y fuera de la propia familia, e incluso dentro de sí mismo. Así ocurrió en el ejemplo recién referido: el hombre al que hicieron creer que era un tonto y un inútil laceraba su autoestima repitiéndose incansablemente esa creencia. La rigidez y falta de cuestionamiento sobre lo aprendido lo convirtió en alguien a quien le cuesta flexibilizar su manera de ver el mundo y de verse a sí mismo y a los demás.

Si nadie lo detecta y no hay una intervención adecuada que permita la entrada de cierto grado de flexibilidad frente a las barreras rígidas, esta modalidad de vínculo probablemente seguirá reproduciéndose hasta la adultez, y se transmitirá y diseminará indefinidamente. También es frecuente que alguien que ha crecido en una familia dictatorial busque "liberarse" y se vaya al extremo de rechazar por completo toda regla o límite...y derribe las barreras. Esta elección, si no se modula con mucho trabajo interior respecto a lo vivido, puede quedar llanamente como otra cara de la moneda, que tendrá serias repercusiones traducidas en violencia. A menudo, el padre o

la madre con estas experiencias internalizadas hacen inconscientemente de sus hijos unos tiranos, como lo fueron con ellos sus propios padres, y repiten así una modalidad de vínculo de una manera
bastante curiosa.

LA FAMILIA DE LÍMITES DESDIBUJADOS

Hablemos ahora de las familias cuyas dinámicas funcionan al revés
que en las familias rígidas: en su interior el límite es tan blando y
desdibujado que pierde su función reguladora, es decir, termina por
carecer de lo que posibilitaría cierto grado de organización (recordemos que los extremos se tocan). Ya sea por exceso de rigidez o por
exceso de blandura, en ambos casos tenemos eso, excesos. A la larga,
la repetición persistente de esos excesos trae consigo consecuencias
perniciosas para las personas que los sufren.

En este tipo de familias, la diferenciación y las fronteras simplemente desaparecen. Si al hablar de familias rígidas recurrimos a la
imagen de una barrera, aquí nos servirá la imagen de un chicle que
no deja de estirarse, con fronteras, justamente, chiclosas y difumina-
das. En realidad ahí no hay frontera ni límite: sólo un pegoteo entre
una cosa y la otra, en las que muy pronto se pierde cualquier posible diferenciación.

El límite es entonces tan poco claro, tan poco explícito, tan endeble
y tan desdibujado que los roles de cada miembro del grupo familiar
se desconocen y confunden. En consecuencia, se pierden los referentes y se va gestando un movimiento hacia una desintegración, que
suele ser dolorosa.

Como hemos comentado, muchas veces los padres en estas
familias vienen ellos mismos de historias de mucha carencia y confusión generacional, como cuando los hijos tienen que hacer el rol
de padres (cuidar a los hermanos, mantener a la familia, trabajar

para los padres y, en un extremo inadmisible y grotesco, hasta satis-facerlos sexualmente); en esas maneras de relacionarse, lo que hay es omisión o insuficiencia de cuidados hacia los más pequeños y entre los propios padres. Contextos de pobreza y aislamiento social, con historias de carencias múltiples desde generaciones atrás, propician estas situaciones. No obstante, también se dan en familias con mayo-res recursos económicos. Quizá el problema central en estas familias guiadas por el descuido y el desamor sea la falta de recursos huma-nos y afectivos, carencia que deja secuelas importantes en las perso-nas. Pero cuando los recursos humanos existen, estos pueden incluso amortiguar en algo los males que promueven las carencias materiales, como veremos en el siguiente ejemplo.

ASOMÉMONOS POR ESTA VENTANA

En una sala de pediatría de terapia intermedia, en un hospital público de la ciudad de México, varios niños pequeños, con diferentes enfer-medades, se debatían por su vida. Si el lector ha visitado o estado en un hospital público de un país como México sabe bien cuán dura-mente se enfrentan a la experiencia de la enfermedad y la muerte los pacientes que provienen de situaciones de pobreza y pobreza extrema, ya no digamos cuando se trata de niños. Hay que tener un corazón muy fuerte para tolerar esas dimensiones del dolor humano. Varios pequeños de la sala habían sido prácticamente abandonados y esta-ban por completo en manos de las enfermeras y los médicos, quienes no se daban abasto para cuidar a cada paciente, incluso en un sen-tido afectivo. Algunas madres visitaban a sus hijos en ocasiones; unas de ellas sacaban energías para ocuparse, un poco al menos, del de la cama de junto. Esos chiquitos más atendidos corrían con mejor suerte en cuanto al devenir de la enfermedad. Los que no recibían visitas ni cuidados de sus familias solían tener peor destino. Había un paciente bastante grave: un pequeño de cinco años, de ojitos curiosos y observadores, cuya madre, extremadamente pobre, se las ingeniaba para ir a verlo lo más seguido posible, a pesar del trabajo que eso representaba, pues tenía que mantener y cuidar al menos a media docena más de hijos. La mujer ideó un método para los días en que no conseguía llegar al hospital; se lo explicó a su hijo, así como a enfermeras y médicos, para que le ayudaran a ponerlo en práctica. El truco consistía en que, cada vez que su hijo la extrañara, sintiera su ausencia, se sintiera mal o solo o tuviera miedo, levantaría la tapa de una cajita de música (una de esas cajas chinas de plástico que venden en los mercados ambulantes) para escuchar una tonada navideña que les gustaba a los dos. Le aseguró a su hijo que, aunque ella no estuviera en ese momento, la música volaría hasta sus oídos y ella pensaría en él, estaría cerca de su corazón y se apuraría lo más posible para regresar a verlo en cuanto pudiera. Esta mujer sensible y con imaginación, sin apoyo de una pareja y con otros niños más que atender, se las ingeniaba para visitar a su hijo enfermo al menos cada dos días. Eso bastaba para que el niño, a su edad y con toda la angustia de su situación, estuviera muchísimo más tranquilo que el resto de los chiquitos de la sala. Cuando el miedo o la tristeza lo rebasaban, simplemente abría la cajita y se tranquilizaba oyendo la tonada. Se sabía amado por alguien muy cercano, que esperaba que se curara. A pesar de la carencia material y económica, que no podemos imaginar en toda su dimensión si no la hemos sufrido, ese pequeño, con un problema importante de riñón, tenía cerca a una madre cariñosa que le transmitía su amor como mejor podía. No por una mera coincidencia, él estuvo entre los pacientes sobrevivientes de aquella sala de hospital.

Las familias de límites desdibujados y sus efectos sobre los niños

Para un niño, no estar seguro de ser amado por los adultos a su cargo es una experiencia devastadora, porque generalmente la falta de amor se traduce en descuido o abandono. Ya esto implica un trastocamiento de los límites. Y cuando un ser humano crece y se desarrolla en un ambiente donde los límites están desdibujados, donde la única regla es la misma inconsistencia de las reglas, le será sumamente difícil comprender la función del límite, no sólo en relación con el cuidado hacia los otros, sino sobre todo en relación con el cuidado a sí mismo. La sensación de no ser amado, de estar a la deriva, sin guías ni referentes, produce una profunda inseguridad y desconfianza en las relaciones humanas. Una criatura en esas condiciones recibe el mensaje de que en realidad a nadie le importa si él está o no en el mundo. Si él no le importa a nadie, ¿por qué habría de importarle nadie a él? Si la vida no les ofrece la oportunidad de reubicarse, más adelante esos niños pueden convertirse en adultos negligentes con sus propios hijos.

Son niños que se sienten profundamente devaluados. No es poco frecuente que se accidenten, que se pongan en riesgo o cometan pequeños o grandes delitos, como si pidieran a gritos que alguien los detenga, los cuide de sí mismos, los proteja. Pueden tener un aspecto descuidado, sucio, y un aire de tristeza profunda que va dejando marcas en su existencia, amén de un profundo resentimiento. Todo esto puede conducir a que el niño, ávido de amor y cuidados, se torne profundamente complaciente, incluso sumiso, con tal de recibir un poco de amor de otro ser humano. Una situación así lo puede poner en un grave riesgo si en su camino se topa con un abusador sexual. Precisamente esa vulnerabilidad afectiva es lo que ha puesto en mayor riesgo a los niños que sufren abusos en la escuela, en la calle o, lo más frecuente, entre su propia familia. A la deriva y sin los cuidados más básicos, son presa fácil; los abusadores, adultos que carecen de límites, saben muy bien cómo reconocerlos, incluso porque quizás ellos mismos pasaron por eso.

En la vida de estos niños prevalece sobre todas las cosas una profunda angustia y un hondo miedo; al experimentar esa violencia, lo que realmente han aprendido es a desconfiar del vínculo con el otro. Si no hay un límite claro, que cumpla su función reguladora en el sentido del cuidado hacia el semejante, cualquiera puede erigirse en su depredador y hacerle lo que sea. Y algo terrible: al ser la violencia su única opción de vínculo, él mismo también puede convertirse en depredador de otros.

La gran mayoría de los niños que sufren violencia por negligencia viven en la pobreza. Ellos y sus padres son víctimas de la injusticia social que merma las estructuras minando los escasos recursos humanos de que podrían hacer uso. Así es como desde muy pequeños se ven empujados a una difusión contagiosa de la violencia. Eso nos atañe a todos como seres humanos; a todos nos debería importar que cualquier niño (aunque no sea de nuestra familia) sea objeto de abusos por parte de adultos. Nos debería preocupar que un niño sea usado en beneficio de otro en cualquier sentido, pero muy particularmente el sexual. Que el niño sea respetado en su individualidad y en sus diferencias es asunto de todos. La perversión tiene que ver con la denigración, con la des-subjetivación de los más frágiles y vulnerables, con ser objeto del abuso del saber o del poder de alguien. Donde más ocurre esto es en el seno de familias donde no operan normas claras. Nos da un inmejorable ejemplo la película *Precious*, con toda su dolorosísima crudeza.

Precious *o los efectos de la degradación familiar*

La película estadounidense *Precious*, también conocida como *Preciosa*, dirigida por Lee Daniels en 2009, es una adaptación de *Push*, primera novela de Ramona Lofton, escrita bajo el seudónimo de Sapphire.

Transcurre en el año 1987; se narra la historia de una adolescente de dieciséis años llamada Clarice Jones, a quien apodan Precious. Analfabeta y obesa, vive en el gueto neoyorquino de Harlem con una madre violenta y abusiva que la somete a crueles maltratos y humillaciones.

Desde el principio de la película se sabe que Precious está embarazada a consecuencia de haber sido violada por su padre; de hecho, es el segundo hijo que espera de ese hombre, que ya no vive con su madre y ella. Debido a su embarazo, expulsan a la muchacha de la escuela y la mandan a una escuela "alternativa", para casos desesperados. Precious ni siquiera conoce el significado de la palabra *alternativa*, pero intuye que en ella se encierra el sentido de algo que ha estado deseando, la posibilidad de un anhelado cambio que dé un giro a su dramática vida. De hecho, lo que la "calma" frente a sus terribles circunstancias familiares es la imaginación y la fantasía; en ellas se ha creado una especie de mundo paralelo en el que es amada, respetada y admirada.

Precious empieza a asistir a la escuela alternativa a pesar de la renuencia de su madre, y, en efecto, allí encuentra esperanzas de poder cambiar el rumbo de su vida. Un vínculo con su nueva maestra le permite abrirse a otras posibilidades, empezando porque aprende a leer y a escribir, lo que antes había creído imposible: su madre se había encargado de descalificarla, insultarla, devaluarla y hacerle sentir que ella sería incapaz de nada bueno. Por primera vez en la vida comienza a discernir las diferencias entre el nuevo ambiente y el de su casa, y se pregunta: "¿Cómo es que gente a la que apenas conozco puede ser más amable conmigo que mi madre o mi padre?" No es una pregunta simple, si pensamos en la imposibilidad que tiene un niño para dilucidar si lo que ocurre en su ambiente familiar es lo normal o es bueno o malo para él (recordemos que "el pez no sabe que vive en el agua...").

Entre tanto, la protagonista da a luz a su segundo hijo-hermano. Más adelante dejará definitivamente la casa materna, donde no recibe más que maltrato extremo. En un momento destacado de la película, Precious, frente a la terapeuta asignada por el seguro social, mientras escucha a su madre narrar las atrocidades de las que hicieron objeto a Precious desde los tres años, se da cuenta cabal de dónde estuvo metida desde que nació. En ese instante se percata de la violencia extrema de que fue objeto. Cuando vivía con su madre no podía advertir que vivía en un infierno plagado de abusos de todos tipos, donde ella quedaba completamente anulada como persona. Sin límites ni reglas, las relaciones familiares se muestran tergiversadas; los roles se pierden de tan confusos; los abusos descarnados derivan en una degradación lamentable de los sujetos que conviven en esa casa.

Lo más destacable de *Precious* es que, a pesar de haber crecido en un ambiente de violencia extrema, la protagonista encuentra una salida. Es una cinta sumamente dura, pero vale la pena verla. Nos da además un material insuperable para ejemplificar lo que puede pasar en las familias de límites desdibujados.

LA FAMILIA MUTUAL O DE LÍMITES FLEXIBLES

Hay un objeto que posiblemente el lector conozca, sobre todo si tiene hijos en edad escolar. Son unas reglas hechas de un plástico flexible, muy prácticas porque no se rompen aunque se doblen una y otra vez, a diferencia de las reglas que los que hoy tenemos más de treinta años usábamos en la escuela y que al menor doblez se quebraban. Estas reglas nos servirán como analogía para plantear la función del límite: su flexibilidad la hace resistente y por lo tanto le ayuda a cumplir su cometido de mantener, sostener y marcar las diferencias entre una cosa y otra. Mantenga el lector ese objeto en mente.

Hemos llegado a la tercera clasificación de las familias según los límites imperantes en ellas: la familia llamada mutual (es decir, mutua:

de ida y vuelta, de diálogo e intercambio, de negociación y respeto a las diferencias, con posibilidad de transformación interna y movimiento). Aquí la podemos llamar "flexible", para que la imagen de la regla nos ayude. Ésta se basa en relaciones horizontales, donde la comunidad está unida por lazos amorosos, existe la posibilidad de diálogo y discusión, y hay un ambiente de respeto a las diferencias que pueda haber entre sus integrantes.

Los miembros de una familia de límites flexibles suelen mostrarse abiertos a transformaciones, pues allí los límites y reglas son claros, las relaciones se regulan gracias a ellos, y no son unidireccionales. Al no haber una barrera infranqueable, las reglas no sólo las aplican los padres para que los hijos las obedezcan, como si la única verdad estuviera dada desde los adultos. También los hijos pueden plantear límites a los padres, exigirles que cumplan las reglas, plantear sus puntos de vista a partir de sus propias experiencias y saber que, aunque sean menores de edad, serán escuchados con respeto y consideración. En una familia de límites claros pero flexibles imperan la legalidad, la normatividad, las reglas y el acuerdo. En ellas nadie está por encima de la ley y nadie puede "ser" la ley. Una de sus reglas es precisamente que nadie está por encima de los límites que se han articulado para regular los vínculos. No obstante, existe la posibilidad de discutir y en caso necesario renegociar esos límites por acuerdo y consenso. En ellas se busca cuidar y proteger a cada miembro del grupo, especialmente a los más pequeños.

Esto de ninguna manera contradice la necesidad de que la relación entre un adulto y un niño tenga cierta asimetría, empezando porque el adulto tiene responsabilidades que el niño no. Precisamente esa asimetría de conocimiento y de poder protege a un niño, si es que el adulto internalizó los límites respecto al cuidado hacia el otro. No puede hacerle o pedirle al niño cualquier cosa o transgredir el respeto que el otro, desde su posición de desventaja por ser niño, necesita para desarrollarse psicológicamente de una manera saludable.

En las familias de límites flexibles, la experiencia de los más chicos se valora y se integra a la dinámica familiar. Si se gestan conflictos entre los niños, el adulto actúa como guía positiva en su resolución. En estas familias prevalece una confianza basada en la palabra, en el diálogo y la comunicación: donde hay límites claros y flexibles, la confianza florece. No hay engaños, mentiras, ni devaluaciones de unos sobre otros. Hay, en cambio, respeto a los derechos de todos para expresarse y tolerancia ante las diferencias. Las relaciones se construyen sobre un entramado positivo y creativo entre los miembros del grupo, que a su vez posibilita sortear los conflictos, las dificultades y los hechos de violencia que pueden aparecer en los vínculos humanos. Al haber una comunicación abierta, las desavenencias, desacuerdos y conflictos son más llevaderos y fáciles de superar.

El desarrollo emocional de un niño es sumamente complejo. Si vive en un ambiente favorable y cuidadoso, con límites claros que puedan contrarrestar cualquier posible violencia, el niño aprenderá a cuidar a los demás, a tener mayor confianza en las relaciones con sus semejantes, a tener respeto por sí mismo y por los otros; este conjunto de fortalezas le permitirán sobrellevar situaciones difíciles de una manera íntegra.

La historia de *Persépolis*, novela gráfica que también se hizo película, ejemplifica este tipo de familias.

Persépolis *o la familia mutual frente a los embates externos de la violencia*

La película francesa de animación *Persépolis*, basada en el cómic autobiográfico de Marjane Satrapi, dirigida por Vincent Paronnaud, obtuvo varios premios internacionales, entre ellos el Premio del jurado en el Festival de Cannes en 2007. La historia narra la vida de Marjane, una niña que vive en el Irán de la década de 1970, en una familia de clase media culturalmente abierta a occidente. En su infancia, a Marjane le toca vivir el régimen del shah (título que reciben desde la antigüedad los monarcas de Irán) Mohammed Reza Pahlavi, época plagada de abusos de poder y autoritarismo. Estas experiencias tempranas permiten que la inteligente Marjane, que ha crecido en un ambiente familiar donde prevalecen la libertad de expresión, la comunicación y el respeto mutuo, vaya forjando una personalidad crítica, sensible y con carácter. Sobre todo, le ayudan a no ser arrasada como persona por la terrible violencia social imperante. Por algunos personajes de su propia familia, la niña entra en contacto con ideas políticas libertarias que hablan de justicia social y de igualdad. Esto se suma a sus inquietudes y cuestionamientos infantiles sobre lo que pasa entre los hombres. Hasta que sobreviene la caída del shah, y con ella la revolución.

La película, como la novela gráfica, nos deja ver distintos episodios significativos en la infancia de Marjane, momentos decisivos que podrían haberle hecho caer fácilmente en situaciones de violencia, incluso ejercerla ella misma. Eso no llega a ocurrir, pues sus padres han fijado claramente los límites relativos al cuidado del otro. Tan cercana como sus padres es una de sus abuelas, personaje central que la respeta, la quiere y le transmite ideas de justicia y cuidado por los semejantes. En cierta ocasión en que Marjane transgrede estos principios, la abuela se enfurece; para dejárselo muy claro, nombra una a una las reglas sobre lo que no se vale en relación con la violencia y el maltrato, aunque el entorno social no ayude mucho al respecto. Hay una escena en que la niña incita a un grupo de amiguitos a atacar a un niño de la cuadra cuyo padre fue miembro de la policía secreta del shah, y como tal, un asesino. Azuzados por Marjane y por el clima de venganza que los envuelve, estos chicos buscan clavos puntiagudos y corren tras el niño, que trata de huir en su bicicleta. En el camino, Marjane y los demás acosadores se topan con la madre de la protagonista, quien los detiene en seco y, muy enojada pero sin perder los estribos, le pone claros límites a su hija: le explica por qué no se vale dañar a otros y por qué no pueden golpear a ese niño, que además no es culpable de lo que su padre haya hecho.

A partir de ahí surgen otros cambios que afectan la vida de una Marjane que ya está en el umbral de la adolescencia. Son cambios en la vida de todo Irán, especialmente en la vida cotidiana de las mujeres, que empiezan a estar obligadas a ocultarse debajo de una burka, entre otras situaciones en que les afecta la represión fundamentalista que ha tomado el poder para imponer sus rígidos referentes a través de la llamada revolución islámica. Miles de personas son encarceladas por "faltas" más bien absurdas. Mientras tanto, Marjane, que tiene gustos e intereses afines a la cultura occidental (música, cine, etcétera), tiene que satisfacerlos de manera clandestina dado el terror generado por la persecución y represión en su país. Más adelante, sus padres deciden mandarla a Europa a estudiar, en una especie de exilio forzado para evitar que su desarrollo amplio se vea estrechado por la violencia de Estado imperante.

Persépolis es una muestra clara de cómo operan los límites, los principios de cuidado y respeto dentro de una familia, que cuando están bien asentados y cumplen su función reguladora, logran sostenerse a pesar de los empellones de una realidad social violenta e invasiva.

El dolor de los padres

Si bien las formas violentas de relacionarse sumergen a todos los integrantes de una familia en una dinámica de la que no pueden salir, acostumbramos enfocarnos más en el sufrimiento de los niños (sin duda, los más afectados y vulnerables) y olvidamos el sufrimiento y las dificultades en las que se ven o se han visto envueltos los mismos adultos.

Ser padres no es nada sencillo. Es un trabajo arduo que conlleva una enorme responsabilidad. Un adulto también puede estar atrapado por las dependencias en muchos niveles, como cuando ha interiorizado vínculos de tipo violento que vienen de su infancia: maneras de relacionarse con los demás que llegan a ser muy difíciles de abandonar, y tienden a repetirse. En ocasiones, la ayuda externa puede permitir una salida menos tormentosa de esos infiernos donde viven muchas familias. En cambio, cuando no hay una intervención desde el campo social externo al núcleo familiar, estas situaciones de maltrato y abuso se perpetúan, pues los hijos las internalizan como única modalidad de relacionarse. Son patrones que se transmiten, agudizándose, de generación en generación.

Estos padres, que en algún momento de su infancia fueron víctimas de violencia, desahogan inconscientemente sus afectos sobre los más débiles (aunque conscientemente no lo quieran). Sienten la necesidad de deshacerse de su miedo, de su impotencia y de su propia agresividad rebasada, y vierten estas emociones en la pareja o en los hijos.

La violencia siempre es producto de la violencia social. En la historia de cada ser humano violento, hubo alguien que dañó su subjetividad, mermó zonas profundas de su mente y dejó heridas dolorosas, algunas de las cuales no han cerrado. Es el sentido en que hablábamos antes de la "radioactividad" de la violencia.

Se necesita mucha fuerza y unión familiar para contrarrestar y defenderse de situaciones permeadas por la violencia social. Hacen falta lazos que se extiendan al mismo tejido social, para desde ahí apoyar a estas familias. Sobre todo cuando los patrones de violencia vienen de varias generaciones atrás.

Si la subjetividad del adulto está dañada, él no podrá ayudar a restablecer la subjetividad de un niño. Como hemos repetido, ese adulto también fue niño y seguramente sufrió los embates violentos de adultos que estuvieron a cargo de él. No perdamos de vista este aspecto central del problema.

¿Cómo podría un adulto contrarrestar los efectos de la violencia en el desarrollo de un niño? Eso lo veremos hacia el final de este libro. Antes le pido al lector que me acompañe para adentrarnos en ese espacio al que llamamos escuela, tan importante para la reproducción y para la detección de nuestro monstruo de mil cabezas.

Capítulo 3

EL MONSTRUO EN LA ESCUELA

El que tiene un derecho no obtiene el de violar
el ajeno para mantener el suyo.

José Martí

Mi trabajo como psicoanalista me ha permitido explorar territorios asociados a la educación desde varios puntos de vista: el de niños y adolescentes inscritos en diversas instituciones educativas, el de maestros, directivos, psicólogos y personal variado, así como el de los padres o tutores. Así, a través de los años no sólo he indagado en las lógicas de funcionamiento del recinto escolar, sus dinámicas, y los conflictos y dificultades a que se enfrenta día a día, sino que he presenciado cómo esas mismas lógicas de funcionamiento repetidas caen por su propio peso cuando han dejado de ser eficaces.

Si bien he tenido mayor contacto directo con escuelas privadas de la ciudad de México, esporádicamente y de maneras más indirectas también he podido echar algún vistazo a lo que ocurre en instituciones públicas. Una advertencia: aunque me refiera en términos generales a ciertas problemáticas asociadas al fenómeno de la violencia, no debemos olvidar que cada escuela plantea sus propias particularidades: no hay dos iguales, ni siquiera si utilizan el mismo método de aprendizaje.

Hemos visto, con enorme preocupación, cómo se manifiesta la violencia en el ámbito escolar de maneras aberrantes. Los periódicos nos informan que sólo cuatro de cada diez alumnos de escuelas públicas y seis de cada diez estudiantes de las privadas consideran que su plantel es seguro. Veintitrés por ciento creen que sus compañeros llevan armas, 38 por ciento consideran que su centro educativo es peligroso, 57 por ciento señalan que hay pandillas y 29 por ciento piensan que en su plantel se vende droga.* Es cierto que los números nos acercan sólo de manera parcial al corazón de un problema, pero no se negará que estas cifras son desoladoras. La violencia se hace presente en todas las escuelas, en mayor o menor medida. Nadie piensa que en el pasado no hubiera violencia en las instituciones de enseñanza; es altamente probable que sus manifestaciones hayan estado presentes desde los orígenes mismos de la escuela. Basta con recordar cómo hasta hace relativamente pocos años, los castigos y maltratos ejercidos por los profesores hacia los niños eran legítimos y bien vistos. Los maestros prácticamente tenían carta blanca para ejercer los castigos físicos más diversos, descalificaciones y puniciones de toda índole, tal como nos lo cuentan el cine y la literatura. En la actualidad esas expresiones no sólo han dejado de ser legítimas, sino que nos escandalizan. Gracias a este rechazo de la época podemos señalar la violencia y a la larga contrarrestarla. Por eso es tan importante tener cuidado de no insensibilizarnos; que de tanto oír sobre la violencia en la escuela, no se nos haga costumbre.

Los medios de comunicación tienen un papel central en que percibamos o nos percatemos del aumento de la violencia escolar; en cierto sentido, la han "puesto de moda". Nunca faltan en la prensa escrita o televisiva o en las redes sociales notas perturbadoras sobre

---

* *La Jornada*, "La SEP impulsará freno a la violencia escolar en 2014".

distintas manifestaciones de violencia escolar: violaciones de niños hacia niñas, golpizas que dejan inconsciente a uno o inválido para siempre a otro, expresiones descarnadas de racismo acompañadas de violencia física, rapiñas, amenazas con armas... una muy preocupante gama de actos intolerantes provenientes de los mismos niños (sin que falten otras de maestros o padres).

¿Esto ha sido así desde que la escuela existe como hoy la conocemos, sólo que antes la gente no se enteraba? ¿O es que hoy en día vivimos circunstancias que agravan los conflictos escolares y los hacen desembocar en las violencias perturbadoras y desbordadas que nos muestran los medios? Preguntas como éstas podrían guiar una amplia investigación de historia comparada que señalara los distintos factores que explicaran las diferencias entre la escuela de antaño y la de hoy, tanto cuantitativas como cualitativas. Eso lo dejamos a los historiadores culturales, pero subrayemos aquí que es justo *la circunstancia* (el elemento humano, el contexto social, el proyecto que guía la vida de una escuela) lo que puede marcar una diferencia. Nos detendremos en esto más adelante.

Además de las violencias visibles que todos conocemos a través de la prensa, mi trabajo me ha permitido tener noticia de primera mano de otras maneras más silenciosas, menos visibles y no por ello menos dañinas, desde donde opera este fenómeno dentro de las escuelas, y de las que en ocasiones ni los maestros ni los padres se enteran. Robos entre alumnos, francas extorsiones, actos de corrupción hacia los maestros y directores (como sobornos hechos por los alumnos o por sus padres), rapiñas, intolerancias discriminatorias.

La prensa ofrece ejemplos que se presentan en ciudades donde el índice de criminalidad, la falta de legalidad y la impunidad han permeado todas las capas de la sociedad y han corroído las relaciones humanas en todos los niveles. No es casualidad: es parte de las circunstancias concretas, como hemos mencionado. La cuerda siempre se rompe por lo más débil, y la infancia es el sector de la sociedad que con mayor ferocidad sufre los embates de la violencia y del ambiente violento. Su situación de dependencia respecto al adulto que funge como modelo a seguir coloca al niño en una posición de enorme vulnerabilidad, desde donde se ve forzado a repetir lo que ve y lo que vive, y si lo que vive es violencia, replica la violencia, y no tiene muchas oportunidades de buscar salidas diferentes.

Frente a tal deterioro, nos sentimos preocupados como padres, como maestros, como ciudadanos en busca de salidas más decorosas que empiecen a restaurar el tejido social. Le propongo al lector una exploración que permita comprender y ubicar la importancia de la escuela como espacio privilegiado, no sólo para la detección de las manifestaciones de nuestro monstruo, sino como un lugar desde donde puede atajarse y frenarse su reproducción.

La infancia y la escuela en la historia

Para rastrear los cimientos de la escuela debemos buscar en los orígenes mismos de la historia humana, hasta llegar a la compleja construcción que es hoy, con todas sus variantes de métodos y sistemas educativos. Su desarrollo ha respondido a las necesidades de cada sociedad, que busca modelar a los individuos de acuerdo a lo que se espera de ellos como reproductores de ciertos códigos socioculturales. En occidente la educación dio un vuelco considerable en el siglo XIX, cuando la infancia empezó a ser considerada como una etapa de la vida digna de ser valorada, lo cual implicó que fuera atendida y estudiada. Antes de eso, la tasa de mortalidad infantil, al menos en Europa y América, era altísima, no solamente por las escasas condiciones de salud e higiene y la pobre alimentación, sino por el poco cuidado que recibían los menores de cinco años. Los niños no se consideraban valiosos en sí mismos; no tenían ningún tipo de derechos y a nadie le interesaban mucho. El historiador Philippe Ariès, a través de un exhaustivo análisis del arte pictórico en distintas épocas, hace notar cómo las representaciones de la infancia la señalan como un sector de la población sin espacio en la sociedad. En muchas de estas imágenes y figuras vemos a niños que parecen más bien adultos en miniatura. Era como si el niño no pudiera ser visto en su singularidad. La infancia no era considerada una etapa de la vida humana propiamente dicha ni el niño era visto como un adulto en potencia. Más bien, el infante se percibía como un ser un tanto impreciso que probablemente no llegaría a la adultez. Si alguien moría a edad temprana, cosa que era de lo más común, se lo enterraba en cualquier lugar, tal como hoy se enterraría a un animal doméstico (un muerto en la infancia era tan poca cosa que nadie temía que después de su muerte pudiera volver para importunar a los vivos). Ahora esas ideas nos parecen chocantes, pero era la visión que se tenía entonces de los niños.

La historiadora Elizabeth Badinter, especializada en el concepto de instinto maternal (de hecho ella cuestiona que tal cosa exista), ha mostrado cómo, antes del siglo XIX, en Francia era frecuente depositar a los hijos recién nacidos en brazos de las nodrizas. Estas mujeres, que vivían de lactar durante años a los niños a su cargo (varios a la vez), se ocupaban completamente de su crianza durante los primeros seis o siete años. Muchos de ellos morían por las condiciones poco saludables que eran comunes en aquel entonces, y los progenitores no parecían lamentar excesivamente la pérdida de algunos de ellos. Eso sí, era necesario tener muchos para que al menos alguno sobreviviera.

Apenas con el libro *Emilio o De la educación*, del filósofo francés Jean-Jacques Rousseau, publicado en 1762, empezó a transformarse la noción de infancia y a concedérsele a esta etapa una importancia especial. El concepto de educación se transformó a la par que el de infancia. En ese tratado sobre la naturaleza humana, Rousseau aborda temas políticos y filosóficos concernientes a la relación del individuo con la sociedad, y lleva al lector de la mano con la historia novelada del joven Emilio y su tutor para ilustrar cómo educar al ciudadano ideal y así resistirse a la corrupción de la sociedad. Se le debe a *Emilio* que las madres hayan empezado a ocuparse de sus hijos desde el nacimiento de maneras más activas; la nodriza pasó a ser una acompañante de la crianza, pero ya no su personaje central. El "instinto maternal" se institucionalizó y la sociedad empezó a enarbolarlo como un bien "natural", según nos explica Badinter.

Antes de *Emilio*, abundantes datos históricos dan cuenta de cómo antiguamente los derechos de los niños eran prácticamente inexistentes; era frecuente que se tratara a los menores con brutalidad: se abusaba de ellos y se los explotaba con absoluta impunidad. Así que, a pesar de la violencia que vemos hoy en día, estamos mejor que en aquel entonces. Claro está que no ha dejado de haber niños maltratados o explotados, pero ahora al menos existen los derechos del niño y nos escandalizamos frente a las arbitrariedades y abusos ejercidos en su contra. Esto puede ser insuficiente, y no nos vamos a conformar con la pura indignación, pero tampoco es trivial.

La *Declaración de los derechos del niño*, el tratado internacional que pone en letra escrita una intención de cuidados para la infancia, fue aprobado apenas en 1959 por la Organización de las Naciones Unidas. En ella se reconoce a niños y niñas como seres humanos capaces "de desarrollarse física, mental, social, moral y espiritualmente con libertad y dignidad". Que la infancia sea sujeto de derechos, así sea en la letra escrita, es una evolución en el pensamiento.

Volviendo a Rousseau, él se pregunta cuáles tendrían que ser los cuidados básicos que dar a los futuros adultos y qué responsabilidad tendrían que tener los mayores en su protección, y da algunas pautas para ejercer la paternidad y la educación de manera que los niños no mueran al por mayor y sean formados como ciudadanos de bien. Después de Rousseau, numerosos pensadores ilustres han estudiado la pedagogía y han contribuido a la creación, difusión y puesta en práctica de variedad de reflexiones y métodos educativos.

Tras este breve y somero recorrido, el lector habrá comprobado que los niños no siempre fueron objeto de cuidados, y que sólo tardíamente en la historia de la humanidad la escuela empezó a ser una vía para mejorar como personas y ascender económica y socialmente. Es desde el paso por la institución educativa donde para un ser humano comienza a abrirse la posibilidad de acceder a mejores opciones laborales y de vida para cuando llegue a la adultez. No obstante, para muchos, incluso en la actualidad, la escuela ya no es opción, y la educación ha dejado de ser garantía de ascenso económico y social. Datos recientes difundidos por la Secretaría de Educación Pública nos hacen saber que cincuenta por ciento de quienes estudian bachillerato piensan que en algún momento lo dejarán, y de cada cien alumnos que ingresan a ese nivel sólo sesenta lo terminan. Si la escuela no es garantía de ascenso social y económico, ¿para qué hacer ese esfuerzo?, se preguntan muchos jóvenes, que prefieren optar por una vía rápida en trabajos no calificados o, peor aún, convertirse en "ninis": muchachos a la deriva de una vida productiva que han desechado la opción académica y laboral, y constituyen un ejército de personas susceptibles de ser reclutadas por el crimen organizado.

No obstante esta realidad descorazonadora, no debemos dudar que para muchos la escuela sigue siendo un espacio de transición fundamental para emprender un proyecto de estudios que a la larga derive en una vida laboral productiva y satisfactoria dentro de la legalidad.

La función de la escuela desde un punto de vista social

En la educación siempre entran en juego las relaciones de unos seres humanos con otros. Nadie puede autoeducarse; ni siquiera el autodidacta prescinde de los demás para desarrollar su personalidad y obtener sus aprendizajes. Es una paradoja de nuestra existencia: somos "yo" siempre a partir de "otro" y en relación con él. El bebé necesita de ese otro que es su madre (o quien cumpla esa función) para desde allí poder diferenciarse paulatinamente, desarrollarse y construir una personalidad singular, diferente de cualquiera de los millones de seres humanos sobre la tierra.

En estos procesos de construcción de la personalidad, la escuela desempeña un papel primordial como parte del proceso de socialización a través de la enseñanza institucionalizada. La socialización implica el acceso del niño al lenguaje, lo humano por excelencia, y la escuela se dedica a pulirlo. El niño aprende disciplinas y saberes (no exentos de la ideología de su escuela en particular y de la sociedad en la que vive) que serán el punto de partida de su proyecto de vida laboral. La educación que se ha iniciado en casa, en cierto sentido continuará en el ámbito escolar. Eso sí, el niño ya trae consigo pautas de conducta fundamentales que ha aprendido en familia, acompañadas y moldeadas por su propia estructura de personalidad. Firmes o endebles, esas bases ya existen cuando un niño entra a la escuela. Muchas veces se espera que la institución educativa cumpla las funciones de construir esas bases cuando la familia no lo ha conseguido, pero la escuela no está diseñada para transmitir esas normas básicas de conducta social al niño, empezando porque se conforman en los vínculos iniciales de un ser humano durante los primerísimos años de vida. A pesar de este hecho, la enseñanza primaria y secundaria se están viendo obligadas a asumir cada vez en mayor medida el trabajo sobre las normas de relación más básicas, a la par que la transmisión de conocimientos. Tales normas de relación básicas son los límites fundamentales para que un ser humano pueda convivir con otros, de los que hemos hablado ampliamente en el capítulo anterior. En ocasiones la escuela sí consigue restablecer o instaurar ciertas bases y límites, pero no siempre es así.

Recordemos cómo el niño, al crecer en ese microcosmos que es la familia, interioriza sus maneras o códigos de funcionamiento, su relación con los límites, con los afectos, con la violencia. Dentro de la familia se instala en una mente que se está formando el modo de relación con la autoridad, con la normatividad necesaria para que el niño pueda desenvolverse en sociedad. Por su parte, la escuela es el primer ámbito de plena socialización, ya propiamente exogámica, que tendrá el niño, y donde lo antes aprendido se pondrá en juego. Si ese niño llega a la escuela con límites mal trazados respecto a su relación consigo mismo o los otros, tarde o temprano surgirán conflictos.

Donald Winnicott, pediatra y psicoanalista inglés que dedicó su vida al estudio de la infancia, plantea que la escuela ejerce funciones de obvia importancia, además de otras que no son tan obvias para el común de la gente. Una de ellas consiste en proporcionar, durante unas cuantas horas al día, una atmósfera emocional menos cargada que la del hogar. Sobre todo si en casa se vive un ambiente tenso, violento o perturbador en términos emocionales, la escuela le da al niño un intervalo para experimentar una atmósfera distinta (siempre y cuando la misma escuela no sea fuente de tensiones perturbadoras). La escuela ofrece la oportunidad de establecer relaciones con personas ajenas a la familia.

Si los vínculos afectivos con la familia son difíciles o incluso perturbadores para un niño, es posible que lo lleve consigo al salón de clases o al patio de recreo y reproduzca así los modos de relación aprendidos. Por el otro lado, si un niño sufre en la escuela algún tipo de abuso o maltrato pero la familia es para él un ámbito de seguridad y confianza, ese niño sabrá cuidarse, protegerse y denunciar. Cuando en el ámbito escolar se da un marco tolerante, estable y sensible respecto a las particularidades de cada estudiante, éste podrá hacer explícitos sus síntomas o sus preocupaciones, y, cuando lo perturben, expresará las modalidades de relación que ha aprendido en casa. Esto muchas veces permite modificar o empezar a trabajar desde la escuela hacia la formación de vínculos humanos más saludables.

Las funciones de la escuela más allá de la transmisión de conocimientos

La escuela, como primer vínculo exogámico de un niño, tiene una función educativa diferente que los padres, y complementaria. Lo que no puede ser es suplementaria: la escuela no puede suplir las funciones parentales. En todo caso, puede permitirle a un niño ciertas experiencias en la manera de relacionarse que en su familia no ha tenido. Estas nuevas experiencias pueden hacer que el pequeño se percate del funcionamiento de algunas reglas de cuidado y de límites importantes que tal vez desconocía. Es frecuente que en el preescolar los más chicos traten de resolver sus rencillas de celos y rivalidades a golpes, rasguños y empujones. A lo mejor ese niño, que por primera vez tiene que compartir con otros la atención y el amor de la figura adulta (en este caso la maestra), da cauce a sus impulsos más primarios para quitar del camino a los rivales. Otro niño, habituado a que sus hermanos mayores abusen de él, tal vez en el colegio encuentre salidas distintas de las que conoce. Es ahí donde les toca a los maestros enseñarle que hay otras maneras de resolver los problemas y las diferencias. En un momento dado, si se observa que el niño no consigue reaccionar de otra manera, el maestro podrá detectar que hay un problema susceptible de ser abordado desde otro campo más especializado, como la psicología.

La escuela, pues, como ámbito de socialización, tiene otras funciones además de la transmisión de conocimientos y la enseñanza del pensamiento crítico. Y claramente la tecnología nunca podrá sustituirla; ningún pedagogo recomendaría algo semejante. Es el contacto humano, y todas sus implicaciones, lo que hace la diferencia. El contacto de un psiquismo con otro permite ampliar el campo de la experiencia subjetiva; el mundo y la historia de una persona pueden ser fuente de aprendizaje y ampliación del mundo de otra.

Probablemente el lector ha oído hablar de la práctica del *home-schooling*, o educación en el hogar. Este sistema de enseñanza, que ha existido desde antes que las escuelas, ha vuelto a ponerse en práctica en los últimos años, sobre todo en Estados Unidos. Los niños reciben instrucción sin salir de casa (o bien en otra casa del vecindario o la iglesia de la comunidad), normalmente de manos de los padres de familia. Lo que motiva a algunos padres a someter a sus hijos a esta educación es su inconformidad con los métodos institucionales, muchas veces por cuestiones religiosas. También puede responder a una fuerte dificultad de desprenderse de sus propios hijos: a cierta resistencia de que experimenten las diferencias del mundo (recordemos *El castillo de la pureza*).

Lo cierto es que la escuela en casa limita profundamente el campo de experiencia de un niño en desarrollo y estrecha sus posibilidades de contacto con la diferencia. Sin salir de la familia, los niños pueden quedar atrapados en vínculos endogámicos donde lo "otro" es fuente de desconfianza y rechazo. Esa propuesta educativa propicia, sin necesariamente ser ésa su intención, la intolerancia frente a la diversidad.

La escuela, además de ser un espacio de aprendizaje de la cultura humana que permite acceder a quehaceres, oficios o profesiones, puede ser también un espacio de intercambio emocional y vivencial de imprescindible trascendencia para el desarrollo. En ese espacio se disfruta de relaciones sociales ampliadas y se experimentan los vínculos de maneras nunca antes vividas en el ámbito familiar. Claro que esto puede representar un enriquecimiento de la personalidad, pero en un momento dado, si las instituciones pierden su sentido humanístico, también puede provocar en el niño empobrecimiento, deterioro y alienación en su vínculo con otros. Es lo que pasa cuando aparece la violencia, con sus manifestaciones visibles e invisibles.

Por estas razones, el colegio debería considerarse también el lugar donde se transmita una cultura de los derechos humanos, sin limitarse a la comprensión teórica, sino sobre todo favoreciéndola desde la experiencia vincular. Enseñar la noción de justicia, de respeto al otro, de respeto a sí mismo, de tolerancia, de bien común, no debería quedar en el plano del texto y la doctrinas, sino convertirse en palabras plenas de sentido, sustentadas en la convivencia diaria y en lo que los niños experimentan con otros niños, con maestros, directivos y el personal que trabaja en la institución.

Una institución educativa que se toma en serio la transmisión de las llamadas habilidades sociales, como la inteligencia emocional y la capacidad de reconocer y respetar al otro en su diferencia, consigue integrar de manera mucho más efectiva al grupo y conformar una comunidad con un propósito común. Un trabajo en esa línea tiene efectos importantísimos en la reducción de la violencia, además de contribuir a un mejor aprovechamiento académico. Estas escuelas ofrecen a sus estudiantes aprendizajes amplios y significativos que rebasan la mera preocupación por las calificaciones.

Entonces, así como la familia influye en el modo en que un niño se implica en el ámbito escolar, también la escuela puede incidir en la convivencia familiar y, en términos más amplios, en la vida comunitaria. Si la escuela se toma el trabajo de propiciar el desarrollo de niños que valoren y confíen en sus capacidades para ser solidarios y responsables consigo mismos y con los otros, y los enseña a poner el bien común en un lugar prioritario, estará apoyando el desarrollo social. Esto sólo se puede lograr si se considera a los niños como sujetos con pleno derecho, y se los valora y respeta en su singularidad única e irrepetible como seres humanos. Si, por el contrario, la voz de los niños, sus puntos de vista, sus experiencias no son tomadas en cuenta y escuchadas, ellos aprenderán a pagar con la misma moneda.

ASOMÉMONOS POR ESTA VENTANA

A lo largo de cinco años me ha tocado en suerte acompañar a un grupo de estudiantes de educación media superior en actividades alfabetizadoras. Trabajan en campañas apoyadas por sus diferentes escuelas y por algunas asociaciones civiles autogestivas que por más de veinte años han alfabetizado por cuenta propia a cientos de personas a lo largo de la República Mexicana. Acompañarlos de cerca ha sido una de las experiencias más restauradoras que he tenido, de las que más esperanza en el ser humano me han infundido en la vida. Jóvenes de entre dieciséis y veinticinco años dedican un año entero a prepararse con el método Freire de alfabetización en sus horas libres. Toman cursos con universitarios y profesionistas que los apoyan de manera altruista. Los propios jóvenes buscan los recursos materiales para poder instalarse durante el verano en algún pueblo olvidado de nuestro México, donde generalmente hay altos índices de analfabetismo.

Elegido el lugar, y realizado el estudio de la población donde se llevará a cabo la campaña, se sostienen en una cuidadosa y estudiada organización para desempeñar sus tareas de llevar la letra a hombres y mujeres que no han tenido acceso a la educación. Durante más de dos meses conviven, ayudándose y apoyándose unos a otros, en estas poblaciones, que los reciben con agradecimiento por la generosidad de que son objeto. Las anécdotas que conforman el emotivo *collage* de esta experiencia obligan, incluso a los más reticentes, a dar crédito a este amoroso, tolerante, generoso y solidario ejercicio de humanidad. Día tras día, el intercambio de estos estudiantes con la gente de los pueblos es de mutuo aprendizaje y enriquecimiento: grandes lecciones sobre cuidado y respeto entre seres humanos. Los jóvenes alfabetizadores se ejercitan en la tolerancia a las diferencias y costumbres de esa comunidad rural, aprenden de sus tradiciones con un respeto digno de mención y a su vez comparten con los adultos del pueblo sus visiones de estudiantes citadinos. Las cotidianas muestras de confianza y el trabajo generoso en busca del bien común sostienen este esfuerzo compartido, empujado por la energía vital de estos adolescentes y por el deseo de los adultos de entrar al mundo de la palabra escrita.

Es interesante atestiguar cómo estos jóvenes, que conviven intensamente, primero durante el año de preparación y de acopio de recursos, y después durante el verano de la campaña, logran zanjar sus diferencias, rivalidades, agresividad, de manera tal que simplemente no hay lugar para la expresión de la violencia. Las habilidades sociales se ven sostenidas y fomentadas en el cuidado recíproco, en el ejercicio cotidiano de la tolerancia y el respeto. Desde allí sus experiencias emocionales se enriquecen, en la medida en que los chicos más conflictivos logran incluso administrarse mejor en términos emocionales, ayudados por el resto del grupo, en aras de un proyecto constructivo y muy loable.

El hecho de que sus escuelas propicien este trabajo de alfabetización les ha permitido a estos jóvenes acceder a otras realidades de nuestra sociedad, experimentar sus diferencias e intervenir en ellas de maneras constructivas y transformadoras. La experiencia no se limita a que estos muchachos enseñen a leer y escribir a chicos y ancianos, organicen actividades culturales arraigadas en las tradiciones de las comunidades y donen bibliotecas a las poblaciones; además de todo, ellos mismos terminan enriquecidos en más de un sentido. El trabajo, en el que han empeñado tanto esfuerzo y dedicación, no sólo les ha enseñado que el mundo es un enorme campo de vivencias y cada uno puede hacer mucho para transformarlo, sino que hay la posibilidad de hacerlo junto con otros, codo a codo, por el bien de todos.

La escuela frente a la violencia en el contexto actual

La escuela no puede contrarrestar por sí sola a la violencia. Sin embargo, desde el momento en que la gran mayoría de los niños asisten a ella, está en sus manos la posibilidad de generar herramientas para neutralizarla y contraponerse a sus avances. Los maestros necesitan saber que educar es mucho más que transmitir conocimientos y que la participación activa de la familia y los miembros de la comunidad en las actividades escolares son imprescindibles para lograrlo.

Advertimos que en el contexto actual de nuestra sociedad se están produciendo nuevas subjetividades, sólo que no sabemos claramente en qué consisten ni hacia dónde van. No sabemos, por ejemplo, cómo afecta a los más jóvenes el uso de las tecnologías de la información, con las nuevas maneras de relacionarse que el internet y las redes sociales traen consigo. Tampoco sabemos cómo son las formas de violencia en las que estas subjetividades se pronuncian o, viceversa, cómo esas nuevas formas de violencia marcan a las personas desde la infancia. Lo que es indudable es que con ellas nuestro monstruo adquiere nuevas cabezas, nuevas maneras de expresarse, sin dejar de ser en esencia el mismo monstruo de violencia.

Esto nos hace volver a las instituciones educativas, espacio social donde un niño puede tener oportunidad de restablecerse de la violencia que puede sufrir en el ámbito familiar, siempre y cuando el colegio no funcione guiado por vínculos de violencia. Lamentablemente los salones de clases no están libres de estos vínculos; también en ellos la violencia opera cotidianamente. Un maestro puede arremeter contra algún alumno sin dejarlo ir al baño (porque "son pretextos para no tomar clase"), castigarlo contra la pared de espaldas al grupo (para que "aprenda a no hablar en clase") o dirigirle calificativos que propician la burla del grupo, que así se ve llamado a unirse a un acto violento avalado por la figura de autoridad que es el maestro. Eso, como el lector sabrá detectar muy bien a estas alturas, es un abuso y una indudable expresión de violencia. Con esos métodos no sólo se está perpetuando la enseñanza de que el mundo es de los más fuertes y que ellos dominan y pueden ejecutar las leyes a su antojo, sino que se enseña algo aún peor: a recurrir a la violencia como manera de reafirmar el poder. Con el pretexto de la "disciplina" se pueden fracturar muchas conciencias. Las fronteras pueden traspasarse sin advertirlo. Esto es una violencia estructural arraigada en nuestra cultura, donde hemos aprendido en carne propia la ley del abuso.

Pero nuestra cultura también abre la posibilidad de cuestionar esa ley, de enfrentarla y buscar otras salidas frente a los primitivos impulsos de dominio. Traigamos de vuelta a la mente el tema de los límites en su relación con la legalidad. La escuela tiene como desafío sostener y, en un momento dado, reconstruir la legalidad desde donde se procesen las subjetividades de los niños. Es necesario propiciar un trabajo sobre el presente pero con miras al futuro de ese ser humano en desarrollo.

Vale la pena ampliar el concepto de "reconstruir legalidades" y examinar bajo qué tipo de legalidades se va a educar. Como se apuntó antes, existen las legalidades derivadas de los principios rectores de la ética universal, y también las legalidades que responden a formas acomodaticias o pervertidas. Es una desgracia que en nuestra sociedad haya tantos ejemplos de este último tipo, legalidades que naturalmente fracasan cuando de prevenir la violencia se trata. Legalidades acomodaticias son las que rigen, por ejemplo, en las escuelas privadas donde se aguantan todo tipo de irregularidades e incluso abusos de ciertos alumnos porque son hijos de gente con poder económico y social, y a la escuela le conviene mantenerlos dentro. Son legalidades pervertidas las que plantean sólo en el plano discursivo los límites y modos de funcionamiento de una institución mientras en la práctica se cometen toda clase de arbitrariedades y rompimientos de las normas. Para ver cuán grave es esto, recordemos que los niños aprenden, más que de los discursos, de la experiencia y de lo que ven hacer a los adultos. Si los adultos a cargo rompen las reglas, se muestran intolerantes o son unidireccionales para respetarlas, se alimentará un clima de impunidad y la sensación de que da lo mismo cumplir o incumplir las reglas; no hay reciprocidad, cuestionamiento ni diálogo. Se estará transmitiendo entonces una legalidad pervertida y trastocada, cuyos efectos se harán sentir muy pronto en los niños y las relaciones que entablen.

Como hemos dicho, la escuela tiene en sus manos la gran oportunidad de ser un lugar donde los sujetos se recuperen de experiencias previas de violencia y maltrato. Para cumplir con esta importante función necesita una estructura de funcionamiento donde los límites cumplan su función (es decir, que sean límites flexibles, que no rebasen su condición de límite al extralimitarse por rígidos o al difuminarse por blandos).

Las funciones del maestro

Estar a cargo de uno o más niños es una tarea que entraña enormes responsabilidades. Implica un empeño diario y un gran gasto de energía física y mental, sólo posible cuando hay ganas y vocación. Un maestro frente a un auditorio de menores de edad tiene una inmensa responsabilidad ética en las manos. Y está repleta de dificultades pues el maestro no sólo tiene que resolver los asuntos propios de su clase o materia, sino que por lo general le toca tramitar numerosos conflictos que se suscitan entre los chicos, sin siempre tener las herramientas y la capacitación necesarias. Es una tensión importante para una persona. Como acompañantes de los niños en sus procesos de aprendizaje, que los llevarán a insertarse paulatinamente en la vida social y laboral, deben hacer frente a toda clase de síntomas que revelan la angustia por la que un niño puede estar pasando en un momento dado. Si el maestro tiene la sensibilidad para percatarse de que en esas manifestaciones hay un mensaje cifrado que el mismo niño no puede develar, y reconoce la angustia que subyace en los síntomas, comprenderá que resulta inútil castigarlo por ellos. Hay muchas otras vías más eficaces que no pasan por el castigo y pueden ayudar al niño a calmar su angustia. Muchas veces el castigo no es más que una forma velada de violencia, legitimada por la posición de autoridad del maestro. Con el pretexto de que "hay que poner límite" a un niño mal portado se pueden cometer arbitrariedades. Ya hemos mostrado cuán complejo es el asunto de los límites; no obstante, cuando se entienden reflexivamente son una herramienta eficaz inigualable.

Recordemos a los adultos que, no sin cierto grado de violencia, ponen "límites" de manera indiscriminada, y se "extralimitan", volviendo ineficaz (y violenta) la posible función del límite, no necesariamente con malas intenciones, sino con el propósito de frenar o corregir alguna conducta que irrumpe en la familia o en el grupo escolar. Nadie ha dicho que sea simple. A veces parece más fácil castigar, excluir, expulsar, acallar a un niño cuya inteligencia y sensibilidad resulta inquietante para el grupo, en lugar de ayudarlo a encauzar esa intensa energía en algo creativo con efectos comunitarios y personales. Sin duda se necesita ingenio, sensibilidad y también creatividad por parte de los padres y educadores... Lamentablemente, las salidas violentas (expulsivas, intolerantes) son las más socorridas, por expeditas; en cambio, para hacerse cargo, ayudar, acompañar a resolver conflictos que surgen en las instituciones educativas, se necesita tiempo y paciencia. Además, enfrentar situaciones de violencia compromete también la subjetividad de directores, tutores y maestros, que tienen que poner en juego sus propias experiencias y su postura.

En efecto, resulta imposible ayudar a otro sin haber trabajado sobre uno mismo. En esa medida, si el maestro a cargo de un alumno está inmerso en un ámbito violentado (por ejemplo, sometido a los directivos, siendo objeto de diversos abusos —como el económico—, con la sensación de no poder transformar nada y estar educando a chicos que no van a ir a ningún lado), o simplemente si es intolerante, entonces lo que habrá que esperar de él es transmisión de la desesperanza.

Pero se trata de apostar a que al menos algunos de sus alumnos puedan encontrar un buen futuro y se salven de las garras aniquiladoras de la violencia. Hay que inventar y construir maneras de salvarse de las catástrofes. Y nuestro país, en términos de violencia social, vive sumergido en una. Como hemos repetido, la intolerancia, la indiferencia y la impunidad propician estos hundimientos. Un maestro indiferente a expresiones descarnadas de violencia entre sus alumnos (en otras palabras, que permite la impunidad) aporta una cuota importante para la alimentación del monstruo.

Comprometerse a buscar salidas de la ignorancia a través del diálogo, de la reflexión, de medidas alternas a las tradicionales, da pie a que se generen nuevas maneras de relacionarse. Pero ¿cómo hacer esto, cuando el ambiente escolar no lo permite? ¿Cómo pueden el maestro o el director intervenir de maneras constructivas durante su labor diaria? Si la lógica de funcionamiento de una escuela es estructuralmente rígida y autoritaria, las salidas serán estrechas y difíciles. Allí no se consensúa ni se busca la comunicación dialogada entre los sujetos: allí se dictan órdenes y se exige su acatamiento sumiso e irreflexivo. Esta lógica da poca oportunidad de encontrar alternativas reales para contrarrestar la violencia. Equivocadamente se cree que mientras más se acalla o tapa, menos surge, cuando en realidad ocurre exactamente lo contrario: la forma en que se pretende contrarrestar es de suyo violenta, y por ende detonadora de violencias.

Pero cuando la escuela tiene una estructura de mayor flexibilidad (no de límite chicloso) pueden cuestionarse sus propios modos de funcionamiento y buscarse salidas alternas creativas. Lo primero es aprender a detectar las expresiones de violencia escolar, tanto las visibles y evidentes como las invisibles, que no pueden detectarse sin un entrenamiento. En esta tarea de ir detectando y dejando ver las violencias que tienden a la invisibilidad sería fundamental involucrar a los niños con un trabajo de construcción de herramientas colectivas, escuela por escuela, para que ellos mismos puedan defenderse y cuidarse.

Nuestra sociedad nos inculca la desconfianza en los demás, pero esto no ayuda nada en el establecimiento de los vínculos humanos. Un maestro con ganas de transmitir lo que sabe, confiando él mismo en que su trabajo sembrará semillas en la subjetividad de otro ser humano, puede lograr diferencias en la medida en que confíe en la potencialidad y las capacidades de ese otro. Por más terrible que sea la circunstancia de una persona, siempre existe la posibilidad de buscar algún punto bueno de donde agarrarse para no naufragar. No siempre se encuentra, pero muchas veces sí, y eso mismo puede ser la vía para que ocurra algo distinto.

ASOMÉMONOS POR ESTA VENTANA

René enciende la televisión mientras come su cereal. La secadora de pelo se oye a lo lejos, pues su madre se está arreglando para ir al trabajo. Hoy se levantaron tarde. Su mamá no oyó el despertador; René sí, y después de un rato se levantó y le avisó a su mamá que era hora de levantarse. Esto ocurre con frecuencia, pues ella trabaja hasta entrada la noche. René cambia de canal y se encuentra con un noticiario. En la pantalla aparecen tres cuerpos colgando del borde de un puente en una carretera. El locutor informa que fueron "ajusticiados" por la delincuencia organizada. Hay sospechosos, entre ellos un niño al que ya atraparon; le llaman "niño sicario", y al parecer ha estado implicado también en otros crímenes. Minutos después transmiten un reportaje sobre las infancias secuestradas por el crimen organizado. Cuando la madre se da cuenta de lo que está viendo René, apaga el televisor.

—Eso no es para menores de edad —alega, enojada, y le da un coscorrón.

Salen de casa y se encaminan a la escuela. Ella lo jalonea, porque llevan prisa. Cuando van en el camión, René le pregunta a su mamá por qué lo que vio en la tele no es para menores, "si ahí salían niños sicarios". La mujer le ordena que se calle, pues van en el trasporte y en ese momento no tiene tiempo para contestarle. Que se apure, porque ya van con retraso, y lo jala para bajarse. Mientras caminan a grandes pasos, lo amenaza: si no lo dejan entrar a la escuela, entonces sí que se las va a ver con ella, pues no tiene con quién dejarlo para irse a trabajar. René quiere decirle que fue ella la que se tardó, pero intuitivamente mejor se queda callado. Hoy su mamá está de malas (casi todas las mañanas... y las tardes también, desde que su papá ya no regresó), y es mejor no provocarla, porque seguro lo castiga.

Él en el fondo quisiera que no lo dejaran entrar a la escuela. No le gusta. Se la pasa muy mal. Pasan cosas de las que ni la maestra ni la directora se enteran, y si se las dice a su mamá ella no le va a creer o simplemente le va a decir que mejor no se meta con esos niños. Son los mayores, los de sexto, y algunos de quinto también. Durante el recreo juegan al "cangrejito". El "juego" consiste en apretar el cuello desde atrás, poniendo los dedos como pinzas de cangrejo. Se lo hacen a los más chicos, a los que se dejen. Algunos hasta se desmayan. Después, los que han aplicado el "juego" buscan en los bolsillos y en la lonchera de la víctima para llevarse las monedas, las estampitas, el celular, los juegos de video, la comida o lo que encuentren. A los que se resisten los pican con lápices puntiagudos o los amenazan. Les puede ir peor si "rajan". Un día uno hasta trajo una navaja, pero nadie se atrevió a decirle a la maestra. Casi todos hacen lo que ellos dicen. Los más chiquitos, o los que les tienen más miedo, enseguida les dan lo que piden. Muchos se les unen, no les queda de otra. A René lo han molestado desde principios de año. Lo molestan porque es moreno y chaparrito; le dicen que es "un puerco", que su mamá es "una muerta de hambre", que mejor "se regrese al cerro". A René le da coraje y muchas veces llora a escondidas. No se defiende, porque su mamá siempre le dice que no hay que ser violento, como era su papá. Por eso se deja golpear, para no ser violento. Y mejor ni se lo cuenta a nadie, porque si no le va a ir peor. No le pegan en la cara para no dejarle marcas. Se anda con cuidado. Mejor esconderse, pasar desapercibido; anda siempre como de puntitas, con mucho miedo, para no ser blanco de esos "juegos". Suelen arrinconarlo entre varios. El otro día le quitaron unos pesos que le había dado su mamá para comprar algo en la tiendita. A la salida, cuando ella le preguntó qué se había comprado, respondió que se le había perdido el dinero. La mujer le dio un zape:

—Si serás menso, escuincle. ¿No ves el trabajo que me cuesta mantenerte? De perdida que el desidioso de tu padre nos diera algo… pero ni sus luces desde que se fue.

Una mañana llaman a René de la dirección. No sabe el motivo. Él no ha hecho nada, que se acuerde. A lo mejor es por haber reprobado tres materias. Y es que a las matemáticas no les entiende. Ese maestro nunca deja salir al baño, pero a René suelen darle ganas a esa hora, porque en el recreo le da miedo que lo agarren ahí los de sexto. Se pasa la clase aguantándose, por temor a que se le escape y, ahí sí, no se la va a acabar con las burlas. De por sí le dicen "René, renacuajo de agua puerca". Y luego, en biología le fue mal porque no tiene el libro. Se lo robaron, y su mamá no quiere volver a comprarlo.

Cuando le pidió que le ayudara a hacer una maqueta ella le dijo que estaba muy cansada, que había trabajado horas extra, que se las arreglara solo. La maqueta le salió bien fea, además de que no tenía todos los materiales.

Mientras espera en la antesala de la dirección, René oye a la directora regañando a gritos a la maestra Paty. Le dice que tiene prohibido salir de la escuela en el recreo, que su deber es cumplir con el horario. La voz de la maestra se escucha bajita, pero René alcanza a oír lo que trata de explicar: que tuvo que ir a buscar una medicina. La directora eleva la voz y le repite con gran enojo que eso es su asunto, que vea cómo le hace, pero que el horario es el horario y que si no lo cumple, con la pena, va a tener que descontarle del sueldo. Al salir de la dirección la maestra pasa junto a René: tiene lágrimas en los ojos y la cara colorada, como si le doliera algo. Ella no ve a René, pero cuando pasa a su lado, él clarito la oye decir: "Por la miseria que me pagan y tengo que aguantar a esta babosa…".

Cuando René entra a la dirección, la directora le pregunta por qué se robó el celular de Lupe. René, sorprendido, niega con la cabeza y balbucea un apenas audible "No, yo no fui." La directora hace una mueca y le pregunta que entonces quién, si ya varios de sus compañeros lo habían señalado como responsable. René se sorprende. Siente un coraje que lo quema por dentro.

—Yo no fui —vuelve a decir.

—Habla más fuerte, que ni se te oye… y no te hagas la mosca muerta —la directora lo mira como si lo odiara—. No vas a decir que de los doce a los que pregunté, todos mienten… A lo mejor tienes necesidades, pero esa no es la manera de hacerse de cosas. Voy a tener que llamar a tu mamá.

René tiembla. Siente que se le van a salir las lágrimas, pero no sabe qué decir. Si dice que fue Jorge el que sacó de la mochila de Lupe el celular, la directora no le va a creer porque siempre le da la razón en todo. Y luego todos lo van a golpear peor que antes. Jorge siempre tiene ventajas. Saca buenas calificaciones porque Ana, la más aplicada de la clase, le pasa las tareas y los exámenes. Y el papá de Jorge da dinero a la escuela. Lo traen en un carro grande y lujoso. La directora y la maestra siempre le pasan todas. Lo que más coraje le da es que María, que se decía su amiga, también lo haya acusado. Apenas unos días atrás, él la consoló cuando llegó llorando a la escuela porque su papá ya no quiere que estudie porque le fue mal en unas materias. Y es que a María no le da tiempo de hacer las tareas porque, como es la única hermana mujer, diario le toca ayudar a su mamá con el que-hacer de la casa mientras sus hermanos se apuran con sus deberes de la escuela. Para cuando termina de lavar trastes y ropa, está muy cansada. Su papá le dice que no vale la pena que siga estudiando, si al fin y al cabo es mujer y sólo sirve para casarse y tener hijos. Pero María sí quiere estudiar: le gusta saber cosas nuevas, y se aplica lo mejor que puede porque quiere ser doctora. René la estuvo conso-lando y por eso no entiende que le haya mentido así a la directora. Le vienen a la mente las risitas de Jorge y sus cuates, señalándolo. Seguro se pusieron de acuerdo. Seguro obligaron a María a mentir. Y ahora que llamen a su mamá, se le va a armar en serio… A lo mejor le cum-ple la promesa de sacarlo de esa escuela y meterlo a un internado.

Hasta aquí dejamos esta historia. Sugiero al lector que antes de seguir leyendo vea cuántas manifestaciones de violencia, visibles e invisibles, encuentra en este ejemplo. Es importante que lo haga con su propia cabeza, como un modo de ejercitarse en la detección de este fenómeno.

Si ya lo hizo, comparemos resultados.

Violencias visibles: los ahorcados en un puente, el niño sicario, los niños secuestrados por el crimen organizado de los que hablan en el noticiario. Los coscorrones y jaloneos de la madre hacia el niño. Las amenazas con lápices o armas. Los golpes de los niños. La discriminación racial y social. Las amenazas verbales de los niños. Los apodos. Los robos de los niños. La violencia que la madre atribuye al padre de René.

Violencias invisibles: una madre que sin apoyo tiene que hacerse cargo de su hijo y trabajar horas extra por un salario escaso. El descuido de su hijo que esto acarrea: dejarlo encender la tele desde temprano; no explicarle ni ayudarlo a pensar sus dudas e inquietudes sobre temas difíciles; pedirle que se calle cuando tiene preguntas sobre temas delicados; no poder ayudarle en sus tareas por falta de recursos, de tiempo, de energía. El hecho de que haya niños sicarios orillados a la violencia a consecuencia de la pobreza. Que la madre de René ponga el valor del dinero por encima del valor del hijo, juzgándolo sin intentar conocer sus circunstancias. El abandono del padre y la falta de apoyo para la educación de su hijo. La falta de atención de la madre a las posibles señales de su hijo respecto a lo que sufre en la escuela. Que la madre impida a René que se defienda y que no haga nada para ayudarlo a salir del círculo de violencia escolar. La unilateralidad de los límites de la mamá hacia el hijo y las amenazas. Sabemos además que probablemente la madre descarga sobre el niño las violencias acumuladas durante su jornada laboral. El "juego del cangrejito". Que la directora prohíba a la maestra Paty que salga de la escuela por ningún motivo. Que abuse de su autoridad para someterla a normas inflexibles. Que la maestra tenga que tolerar maltratos con tal de conservar un puesto mal pagado y poco reconocido. Que la directora no escuche el punto de vista ni de la maestra ni de René, ni les permita explicarse. Que por prejuicio los califique y decida de una manera tan determinante. Que el maestro no deje salir a los niños al baño durante la clase. Que se acepten "donaciones" del padre de Jorge y que a este niño se le aguanten los abusos. Las trampas de Jorge para lograr buenas calificaciones. La traición de María por miedo. La violencia estructural que vive la misma María, a quien por ser mujer obligan a ocuparse de las tareas domésticas (entre ellas las que corresponden a sus hermanos varones) y le niegan cualquier posibilidad de desarrollo académico o laboral.

¿Alguna más, que yo no haya detectado? Espero que el lector haya notado cómo, a medida que ejercita su "violentómetro", las violencias que en principio podían ser invisibles empiezan a tornarse visibles a simple vista o se delinean de manera mucho más evidente. De hecho, el objetivo de este libro es ser en sí mismo una especie de violentómetro, a través de accionar en el lector la capacidad de detectar situaciones de violencia. A continuación, una lista no exhaustiva de verbos relacionados con la violencia, cuyo solo uso puede significar que el monstruo está presente.

Violencia psicológica: Humillar, devaluar, descalificar, herir emocionalmente, burlarse, ignorar, abandonar, excluir, insultar, ofender, controlar al otro coartando su libertad, prohibir lo que no nos corresponde prohibir, ser intolerante, ser inflexible, censurar, coercionar, culpabilizar, intimidar...

Violencia física: golpear, lastimar, herir, mutilar, manosear, violar, asesinar...

Dicho esto, es importante señalar que para encontrar los signos que delatan la violencia no puede usarse un parámetro rígido, sino que es fundamental usar la reflexión y nuestra capacidad de análisis. Si empezamos por ahí, tal vez encontremos maneras de contrarrestarla y alternativas para oponernos a ella.

Más sobre la función del adulto a cargo de los niños en una institución educativa

Ya hemos comentado que alguien puede vivir violencia en carne propia pero no darse cuenta. Como decíamos, el pez no sabe que vive en el agua... hasta que alguien se lo hace saber, o bien se mira en un espejo. No sólo les pasa así a los niños, siempre los más perjudicados cuando de ignorancias se trata, sino también a los adultos. Si como adultos no tenemos ideas claras sobre un tema tan complicado, que puede mirarse desde tan variadas perspectivas, mucho menos seremos capaces de detectarla, atajarla, detenerla... y ayudar a los más chicos a encontrar recursos y salidas para contrarrestarla; porque, recordemos, autoridad no es sinónimo de sabiduría. En la ventana por la que acabamos de asomarnos, los personajes adultos están sumergidos en situaciones de violencia en distintos niveles, de las que no necesariamente son conscientes. Es común que el adulto se dé cuenta de la magnitud de la violencia que agita el mundo de los niños bajo su responsabilidad cuando los hechos ya están consumados. Y a esas alturas ya se trata de violencias visibles, evidentes, y muchas de ellas trágicamente irreversibles.

El maestro, que por lo general es el primer vínculo exogámico de un niño, puede abrir la posibilidad de un cambio de rumbo. Sin duda, para esto se requiere mucha paciencia y amor a su profesión, especialmente si tomamos en cuenta el limitado número de niños o personas por las que un ser humano puede preocuparse y ocuparse en su justa medida. Nadie ignora cuánto se desborda esta premisa cotidianamente en las escuelas, donde un profesor tiene a más de treinta o cuarenta niños a su cargo. Esto vuelve más difícil que una intervención por parte del maestro le permita a un niño un giro importante en relación a lo que vive dentro de la familia. No obstante, cuando es posible hacerlo, podría decirse que una de las tareas básicas del educador consiste en presentar al niño las posibles consecuencias de sus actos: no prohibirlos en razón de un autoritarismo paternal y puritano, sino hacer ver a su educando la importancia que pueden tener sus decisiones en el futuro y mostrarle así que la libertad social e individual es un equilibro entre responsabilidad y libre albedrío. Los maestros necesitan herramientas para ayudar en la prevención de la violencia y hacer detección primaria: poder advertir las señales que indican que un asunto en apariencia trivial puede adquirir formas más elaboradas de violencia entre los niños. Poder evitar así el agravamiento de las situaciones, atajarlas antes de que sigan de largo, ahorra muchos recursos, pues se trabaja sobre los primeros síntomas, digámoslo así, antes de que la enfermedad propiamente se desencadene. Esto reduce la amenaza de que se lastimen o incluso se destruyan las subjetividades de los niños violentados (como René en la ventana anterior).

Cuando se pone a un ser humano en un ambiente autoritario y despótico, donde los límites no son claros, en una institución permeada por la crueldad, hasta la mejor persona del mundo se puede convertir en alguien muy perverso, o llegar a autodestruirse al verse reducido a la desconsideración permanente y la falta de reconocimiento por los otros.

Por supuesto que la principal dificultad con que se topa el maestro o adulto a cargo de un grupo de niños en el ámbito escolar radica en que las necesidades emocionales son relativas a las infinitamente diversas clases de niños. Como hemos dicho, no hay dos personas iguales. Es cierto que algunos niños se parecen entre sí (se "identifican" entre ellos), pero será imposible encontrar a dos idénticos, no digamos ya en el aspecto físico, sino en lo concerniente al carácter y las emociones. Cada ser humano lleva su propio universo consigo. Podemos parecernos a otros, identificarnos con otros, intercambiar ideas, sentimientos, pensamientos con otros, pero la experiencia de la vida es siempre única e irrepetible. Tengámoslo siempre muy presente: eso nos ayudará a saber escuchar a un niño en dificultades, sin apurarnos a hacer diagnósticos precipitados ni tratarlo de encasillar empujados por nuestros propios prejuicios.

Si la directora de la escuela de René lo hubiera escuchado con sensibilidad, habría entendido que estaba asustado y, poniéndose en sus zapatos, habría intentado averiguar por qué. Pero en aquel ejemplo, la legalidad acomodaticia de la autoridad escolar es, en enorme medida, responsable de lo que ocurre entre los niños, que perciben muy rápidamente las contradicciones e inconsistencias de los adultos. Cuando el "material" con el que se trabaja es humano, y más cuando se trata de uno en pleno proceso de desarrollo como un niño, es de vital importancia ser cuidadoso. Allí estamos operando sobre un tejido delicado y fino hecho de emociones.

Un padre o un maestro cuya función no esté empañada por sus propios conflictos psicológicos podrá distinguir y captar esta variedad de factores. Los niños tendrán un sentimiento natural de confianza en la personalidad del maestro, lo cual abrirá canales de comunicación importantes. El niño sentirá que hay ahí alguien capaz de escucharlo sin criticarlo ni prejuzgarlo, alguien en quien puede confiar y que le ofrece ayuda y compañía en un trance que a lo mejor está siendo terrible para él.

Si alguno de los adultos presentes en la historia de René le hubiera brindado una escucha así, él tal vez habría encontrado salidas menos perturbadoras y aplastantes para su subjetividad en construcción. Perturbadoras, por cierto, no sólo para él directamente, sino para los que lo rodeaban en la escuela. No olvidemos que no sólo los niños que están en posición de víctimas sufren marcas traumáticas: también los maltratadores o victimarios quedan marcados de maneras muy profundas por su actuar violento, cuando no hay una intervención de los adultos que dé un giro a esa manera de tratar a los demás.

ASOMÉMONOS POR ESTA VENTANA

En 1963, Stanley Milgram, preocupado por la pasividad del pueblo alemán y su obediencia a los crímenes de Hitler, realizó en la Universidad de Yale un experimento para detectar hasta qué punto las personas pueden sentirse obedientes a las autoridades. Milgram puso unos anuncios y cuarenta hombres se prestaron a colaborar en un estudio sobre la memoria y el aprendizaje. Ese título disimulaba el verdadero objetivo del experimento: el estudio de las actitudes obedientes. Los participantes voluntarios (que recibieron una paga por su colaboración) representaban a la población de New Haven, Estados Unidos: desde simples jornaleros a personas con título universitario.

Se trataba de investigar la influencia del castigo en el aprendizaje. Milgram separó al personal en "maestros" y "aprendices" mediante un sorteo tramposo hecho de forma tal que los voluntarios quedaron seleccionados como maestros, mientras que unos cómplices de Milgram actuaron de víctimas o aprendices. A continuación, maestro y aprendiz pasaban a una sala contigua, donde el alumno era sujetado con correas a una especie de silla eléctrica para recibir descargas cada vez que cometiese un error de aprendizaje. Las descargas eléctricas iban subiendo de intensidad ante los errores del alumno, y a juzgar por las horribles quejas eran cada vez más dolorosas. En realidad no había descargas: todo era fingimiento y actuación de los cómplices. En el fondo lo que interesaba era ver hasta qué punto los maestros estaban dispuestos a cometer tortura obedeciendo las órdenes del experimentador, que instaba a continuar aplicando el suplicio ante las supuestas equivocaciones de los aprendices.

Los maestros fueron dando muestras de inquietud paulatina al ver lo que les ocurría a los aprendices. Temblaban, sudaban, se mordían uñas y labios. Algunos soltaban risas nerviosas, que evidenciaban tensión interna. Lo más terrible del experimento fue el hecho, inesperado para el investigador, de que, de cuarenta maestros, sólo cinco se atrevieron a pedir que el experimento se detuviera cuando el nivel de shock dizque llegó a los 300 voltios y las supuestas víctimas actuaban como si sufrieran intensamente, pateando la pared, y sin ya poder responder al maestro. En ese punto, ¡solamente cinco de los cuarenta maestros se negaron a seguir obedeciendo y prolongar el experimento incrementando las descargas! Algunos otros, 35% del total, se rebelaron tardíamente y se negaron a continuar cuando ya las supuestas descargas superaban los 300 voltios. Eso da un altísimo porcentaje de obediencia extrema: más de la mitad de los sujetos experimentales. Se comprueba dramáticamente hasta dónde puede llegar la obediencia y conformidad sin que los sujetos piensen por cuenta propia, así como cuánta crueldad y violencia se ocultan tras el pretexto de estar obedeciendo órdenes.

¿Están preparados los maestros, directores y demás personal escolar para afrontar esta responsabilidad?

En términos generales se observa que maestros y personal responsable en las escuelas no han recibido una formación que les enseñe a abordar y reconocer los distintos rostros de la violencia, y tampoco están capacitados para enseñar herramientas sociales a sus alumnos. Gran parte de ellos ni siquiera se enteran de lo que está pasando en su entorno inmediato. El personal no se siente preparado, ni lo está, para afrontar situaciones de esta envergadura. En muy pocas escuelas se instruye y prepara a los maestros y al personal a cargo de los niños para crear respuestas no violentas y para ayudar a los pequeños a zanjar sus conflictos de manera pacífica. Estas escuelas tienen programas pedagógicos que hacen participar a los alumnos en la resolución y detección de problemas. Para ello suelen generar, dentro del horario de clases, espacios de comunicación donde los niños pueden hablar de los conflictos entre ellos o de lo que les ocurre con los maestros o el personal de la institución, en presencia de un adulto capacitado para escucharlos sin juzgarlos. Esa comunicación permite encontrar soluciones individuales y colectivas.

Las autoridades responsables de la educación en nuestro país deberían apropiarse de dichas experiencias y concentrarse no sólo en los contenidos académicos, sino en los contenidos humanos: en el cultivo de la tolerancia a la diferencia, el ejercicio de una legalidad basada en la ética universal y la asignación de tareas que sirvan para construir herramientas sociales referidas al bien común. Desde luego, no como un estribillo que los niños tengan que aprender de memoria, sino como una experiencia que pongan en práctica en el día a día del proceso de enseñanza-aprendizaje.

Como he dicho, el niño, habituado a los modos de relación de su ambiente familiar, se introduce en la escuela con su sociabilidad, rivalidad y modos de resolver dificultades que ya tiene incorporados. Entra a la escuela con toda su carga de violencia aprendida. A partir de este razonamiento, el psicopedagogo argentino Alejandro Castro Santander afirma que la escuela no debería resignarse sólo a controlar la violencia, sino que debería buscar salidas alternativas, más eficaces para contrarrestarla. En sus obras señala el fracaso de los métodos de control y represión vigentes en las instituciones educativas y defiende la idea de que la violencia es una conducta aprendida, que puede no solamente prevenirse sino también *desaprenderse*. Castro no niega que contrarrestar la violencia es un desafío enorme y que hacerlo implica, en primera instancia, la posibilidad de juntar esfuerzos hacia ese objetivo, para abonar a la esperanza de que el ser humano se encuentre y reconcilie con sus semejantes, o al menos que aprenda a paliar las diferencias de maneras más amables y simbólicas.

Las propuestas de Castro coinciden con lo que planteo al principio de este libro, al referirme al mito de Hércules y la manera en que enfrentó a la hidra: a pesar de su descomunal pero insuficiente fuerza física, Hércules derrotó a la hidra uniendo esfuerzos, en este caso mentales. Con la ayuda de su sobrino encontró una salida inteligente para deshabilitar al terrible monstruo.

Recordemos que el aula es a menudo el único sitio donde puede darse una convivencia que refleje las situaciones de violencia que se viven fuera de los muros de la escuela. Los maestros casi nunca se dan cuenta y dejan pasar situaciones de conflicto en un sentido privilegiadas, ya que son oportunidades de intervenir eficazmente y a tiempo. Lamentablemente suelen estar más atareados con el cumplimiento del programa académico. Se le da más importancia a que los alumnos aprendan matemáticas, computación e inglés, en tanto indicadores del rendimiento académico, y se dejan de lado otros aspectos dignos de evaluación, como el desarrollo personal y social de los alumnos, la tolerancia, la empatía, la capacidad creativa, el pensamiento crítico, las habilidades sociales y comunicativas, la ayuda y solidaridad con los otros en el trabajo en equipo. Todo esto queda relegado a un segundo, tercer y último plano, donde termina por olvidarse. La escuela, sus maestros y demás personal tendrían que poder concentrarse también en esas áreas, que significan un aprendizaje social fundamental. Hay algo más: incluso los maestros que valoran estos aspectos educativos terminan por desanimarse, pues la institución no sostiene ni acompaña estos procesos, a pesar de su enorme importancia y a pesar de ser fundamentalmente formativos.

Este cúmulo de dificultades del lado de los adultos responsables de la institución escolar, cuando no se abordan ni se superan mediante la detección e intervención en circunstancias de violencia, suele descubrirse demasiado tarde, sólo cuando salen a la luz situaciones donde nuestro monstruo ya hincó sus feroces colmillos: allí donde la progresión de las agresiones ha llegado a tales niveles de riesgo e intensidad para la víctima que, simple y llanamente, se ha vuelto irreversible.

La necesidad de aclarar la función de las reglas y los límites en el ámbito escolar

Nadie negará que una premisa básica en la enseñanza escolar atañe a las reglas y que éstas tienen que ser conocidas y compartidas por todos los que se encuentran en el contexto escolar. Para esto deben comunicarse a la comunidad de manera clara y directa. También es importante que las reglas se atengan a un código de ética universal y no a situaciones acomodaticias, como ya hemos visto. Hacer explícitas las reglas y compartirlas es indispensable para que los que están supeditados a ellas puedan comprometerse a su cumplimiento. Claro que no sólo los niños tienen que obedecerlas, sino también los adultos. Sólo así es posible la libertad, aunque suene paradójico: que nadie esté por encima de la ley ni nadie sea la ley. La legalidad se pervierte cuando alguien se coloca por encima de la ley. Para evitarlo y conseguir que la normatividad escolar funcione tiene que construirse un consenso, pues sólo desde el acuerdo comunitario logran las reglas funcionar como tales, es decir, regulando los vínculos humanos a partir del respeto a la diferencia, la tolerancia y la justicia. De esta manera se evita que un maestro o directivo decida de manera unilateral sobre un caso determinado, pues allí pueden involucrarse sentimientos muy personales que en ocasiones inhiben la imparcialidad necesaria para cierto tipo de decisiones. Si esto se lleva a cabo en grupo, los acuerdos pueden llegar a ser más justos, siempre y cuando el grupo mismo se rija por vínculos de respeto y se atenga a un código de límites reguladores.

Es así como ocurre en los métodos educativos arriba comentados, más abiertos y flexibles, que incluyen a representantes del alumnado en la toma de decisiones y acuerdos que puedan realizarse en diversas áreas del proceso educativo (la educación francesa, por ejemplo, utiliza esta modalidad). Niños y adolescentes tendrían que tener derecho a una voz reconocida, legitimada, con la cual opinar, discutir, y participar en la toma de ciertas decisiones que les atañen. Cuando, por el contrario, los alumnos no son tomados en cuenta, ni sus puntos de vista, circunstancias y opiniones se respetan, se rompe la comunicación. Si el adulto no escucha al niño o al joven, ¿por qué éste debería escuchar al adulto? "Porque soy mayor que él, sé más cosas y me debe respeto", responderá por inercia algún lector. Sí, sin duda. Pero si nos atenemos a un código de ética y de derechos, debe añadirse que el adulto también le debe respeto al niño o al joven (que muchas veces también sabe cosas que el adulto ignora), y éste también tiene derecho de ser reconocido y escuchado. Eso no le resta al adulto el merecido reconocimiento de sus años de experiencia en la vida o en una materia determinada.

Desde este respeto mutuo podrían destinarse espacios para que alumnos y maestros intercambien y compartan reflexiones para apoyar un proceso conjunto. En las escuelas donde esto ocurre bajan notablemente los índices de violencia, pues las relaciones allí se rigen por un código de confianza, cuidados mutuos y comunicación, y a partir de todo eso las diferencias y dificultades pueden zanjarse de maneras mucho más amables.

Si se hace acopio de estos recursos humanos, donde se toma en cuenta la opinión y el punto de vista de todos los sectores involucrados en el interior de una institución educativa, se suma un esfuerzo en aras de una construcción colectiva de la normatividad, de tal manera que cada uno pueda apropiarse de ella y cuidarla.

El educador frente a un niño que en casa no ha internalizado los límites

En ocasiones, niños que provienen de situaciones familiares complicadas y que manifiestan falta de límites responden de maneras muy sorprendentes cuando en la escuela logran establecer un vínculo de confianza que los reasegure internamente y les permita reconstruirse, al sentirse justamente reconocidos y valorados por otro ser humano. No obstante, con otros niños el asunto se complica y no hay modo de lograr que reconozcan límites, y los transgreden al grado de poner en riesgo a sus compañeros o maestros y a sí mismos. Son situaciones complejas que hay que analizar una por una. Sin embargo, la escuela, si bien no puede suplir a los padres, sí puede detectar la situación y tratar de trabajarla con ellos y con el niño. Puede ser un proceso largo y complicado.

Hemos dicho que son los mismos padres quienes en ocasiones transgreden los límites de maneras que son necesariamente perturbadoras para el aprendizaje de un niño. Ocurre muy a menudo que los padres desacrediten, devalúen y desautoricen al maestro, al director o a la escuela en su totalidad frente a su hijo. Esto no significa que un padre no pueda diferir de la respuesta de un maestro o director en cualquier aspecto de su función, claro está. El asunto está en cómo lo aborda (de acuerdo a la magnitud del evento) y cómo lo elabora con el mismo niño. Si un padre transgrede, desautoriza, desacredita y desconfía sistemáticamente de la escuela donde ha inscrito a su hijo, hay que preguntarse qué está buscando provocar en él... De otro modo, ¿para qué lo mantiene en esa escuela y no busca otra más acorde a sus propios criterios?

Tal como hemos dicho, es más fácil que una persona, sobre todo si son niños mentalmente sanos, acepte los límites cuando son flexibles y no *siempre* son unilaterales, especialmente cuando hay confianza en quien se ubica en una posición de autoridad para el niño.

Así, él será capaz de entender que ese límite se le está poniendo a él en ese momento para cuidarlo de algo y para ayudarlo a crecer, aun si respetarlo implica cierta pérdida o renuncia.

Desde allí se construye una seguridad interior sobre la base de la confianza en el adulto, y más extensivamente, en el semejante. El límite es exterior, pero sólo cuando se ha internalizado resulta en aprendizaje, en educación. En el proceso educativo, tanto en lo que corresponde al papel de los padres como al de la escuela, es imprescindible sostenerlo para que cumpla su función.

ASOMÉMONOS POR ESTA VENTANA

Quiero exponerle al lector algunas ideas sobre la llamada "identificación con el agresor", que es un mecanismo de defensa que suelen utilizar sobre todo los niños como una manera de liberarse de los efectos psíquicos de la violencia. Fue descrito por Anna Freud, hija de Sigmund Freud y pionera del psicoanálisis de niños, en su libro *El yo y los mecanismos de defensa* en 1936. A grandes rasgos, la identificación con el agresor implica la transformación que hace un niño, que se ha sentido amenazado y violentado por otro (especialmente por un adulto), en amenazador o agresor.

Anna Freud lo ejemplifica con un alumno de escuela primaria a quien un consejero pedagógico atendió a causa de un extraño hábito de hacer muecas. El maestro se quejaba de que el niño reaccionaba de manera muy rara frente a los regaños: hacía muecas que provocaban las risas del grupo. El maestro intentaba explicarse este comportamiento como una broma hecha adrede o como un tic compulsivo. Sin embargo, también durante la consulta con el pedagogo el niño hizo muecas. Un examen más atento de la situación demostró que éstas no eran sino la caricatura de la expresión de enojo de su maestro. En el trance de soportar los regaños, el niño trataba de dominar su angustia mediante una involuntaria imitación de la expresión de enojo del maestro. Se identificaba así con la cólera de éste y, mientras lo regañaba a gritos, el pequeño copiaba su expresión aunque la imitación no saliera idéntica. A través de las muecas, de cierto modo se identificaba con el maestro amenazante y temido, que para él era un agresor.

El yo primitivo, como el de un niño pequeño, suele imitar de esta manera, especialmente cuando algo lo atemoriza o angustia. Si observamos con detenimiento los juegos infantiles, en muchos de ellos podemos observar cómo el niño se identifica con el personaje y objeto temido, y de ese modo transforma la angustia en una grata seguridad. Los niños que tenemos cerca pueden darnos variedad de ejemplos. Si hay más de uno jugando, observaremos cómo se disputan por ser el malo, que en ocasiones es el más poderoso. El niño se identifica con cierta característica de la persona o del objeto que le produce angustia, o "se apropia" de ella, y así recrea y digiere, emocionalmente hablando, una experiencia difícil que le resultó angustiante. Al representar el papel de agresor, asumiendo sus atributos o imitando las agresiones, se transforma de persona amenazada en amenazador. Es decir, pasa de ser pasivo a ser activo, con el fin de elaborar una trama emocional que pudo ser traumática o al menos muy perturbadora.

El asunto aquí es que, al pasar de pasivo a activo, puede entonces hacer sufrir a cualquiera de sus compañeros la misma experiencia desagradable que él sufrió y, sin que nadie lo advierta, "vengarse" así de quien anteriormente lo sometió a la angustia (aunque la venganza recaiga sobre alguien por completo distinto). Esto, que en el desarrollo de un niño es un mecanismo más o menos esperado y sano, en casos extremos (como cuando un niño sufre, como testigo o víctima, experiencias continuas de violencia y agresión por parte de los adultos cercanos o sus propios pares) puede tornarse en una manera rígida y permanente de defenderse cada vez que el niño siente angustia. Tenemos entonces esos niños violentos, o más tarde adultos agresores, que se han convertido en victimarios, y abusan continuamente de los más pequeños o débiles para liberarse de la angustia que les provoca el ser, o haber sido, víctimas de violencia.

Esto nos da pistas para seguir pensando sobre esas idas y vueltas que van de la violencia social, que repercute en el seno de una familia, que luego se "instala" en el psiquismo de un niño, quien a su vez la lleva hasta la escuela. Como hemos visto, cuando el abuso sistemático ocurre tempranamente en la vida de un ser humano, y no hay nadie que lo ayude a "salir" de esa lógica vincular, es posible que esa persona se instale en un lugar de abusador, si no de eterno abusado.

La clase y el acoso escolar

En la cinta estonia conocida en España como *La clase* y en América Latina como *Muerte en la escuela,* del director Ilmar Raag y estrenada en el año 2007, se aborda el tema de la violencia escolar entre adolescentes de educación secundaria a partir de la masacre ocurrida en un colegio de Columbine, Colorado (Estados Unidos) y que inspiró otras películas y algunos documentales, como el de Michael Moore (*Bowling for Columbine,* en México conocido con el título de *Masacre en Columbine*).

La clase cuenta la historia del acoso escolar, o *bullying,* del que es objeto Joosep, un chico tímido, introvertido, extremadamente serio, con un aire de profunda tristeza, considerado el raro del grupo. Joosep suele mostrarse pasivo, con nula posibilidad de defenderse, y prácticamente toda su clase se vuelca sobre él para maltratarlo de diversas maneras, que van desde los maltratos visibles (insultos, patadas en el trasero en cuanto entra al salón, empujones, zapes y puñetazos que le dejan marcas en el abdomen) hasta menos visibles (denigraciones, burlas, hostigamientos, exclusión del grupo, relegamiento, robo de material escolar). Estamos claramente frente a una tortura psicológica sistematizada y metódica. De manera inquietante vemos cómo este joven no hace nada para defenderse de las permanentes violencias de que lo hace objeto el grupo entero, liderado por un chico prepotente, violento, engreído y fanfarrón llamado Anders.

De la vida de Joosep fuera de la escuela escolar sólo sabemos que vive con sus padres. Queda claro que no hay mucha comunicación entre ellos y el hijo, pues sólo se enteran del acoso que éste sufre cuando les llaman de la escuela para advertirles. Lo único que sabemos del padre es que es cazador; un día invita a Joosep a ir de cacería y éste declina. El espectador se entera así de que en la casa hay armas y ve al padre vestido con ropa militar, aunque no queda claro a qué se dedica.

Cuando los padres de Joosep se enteran del acoso, su respuesta es significativamente contradictoria: la madre quiere protegerlo, pero se escandaliza ante la idea de que se defienda a golpes, mientras que el padre golpea a Joosep hasta sacarle el aire para "enseñarle" cómo defenderse. Llama la atención que ningún adulto haya podido intervenir adecuadamente en ningún momento, a pesar de haber tantos signos de que algo muy perturbador estaba ocurriendo. Como no hay una intervención oportuna, tenemos un desenlace terrible e irreversible.

El hecho de que Joosep jamás meta las manos para defenderse de los golpes ni se enfrente a sus torturadores a lo largo de todo el filme resulta muy angustiante para el espectador; le despierta impotencia y deseos de ayudar al muchacho, salvarlo de la maldad de los demás chicos. Como vimos antes, que alguien no se defienda ni pueda poner límites al acoso (pidiendo ayuda, por ejemplo) es un factor que no hay que perder de vista, pues puede servir para azuzar la violencia. De igual modo, la indiferencia o complicidad de los chicos que observan las golpizas o el hostigamiento sin hacer nada para oponerse son actitudes que alimentan a nuestro monstruo.

Por otro lado, también sabemos un poco de la vida familiar de Kaspar (un chico del grupo que defiende a Joosep), que vive con una abuela, una mujer que se muestra insegura y siempre angustiada por su nieto, con quien hay una relación cariñosa pero algo distante y sin mucha comunicación. Kaspar es un chico sensible que al empezar la película está del lado de los hostigadores pero muy pronto empieza a negarse al maltrato hacia Joosep. Este hecho lo coloca del lado del maltratado, con la consecuencia de que también él empieza a ser víctima del hostigamiento.

El desenlace de la historia es muy impactante. Joosep y Kaspar, después de que el grupo los obliga a tener una relación sexual, optan por una venganza extrema: deciden matar a sus victimarios y después suicidarse. Hago hincapié en dos elementos que pueden observarse tanto en esta película como en el documental de Michael Moore. Uno de ellos es la ausencia de figuras adultas y la falta de comunicación en las familias. Es como si el mundo de los adultos y el mundo de los jóvenes estuvieran completamente desconectados y se careciera de cercanía emocional y humana. En varias películas que tratan sobre violencia escolar o juvenil aparece esta peculiaridad: los adultos brillan por su ausencia y, cuando llegan a aparecer, dan muestras de una gran desconexión, falta de interacción comunicativa con los niños o jóvenes.

El otro elemento que aparece como telón de fondo en estas historias es la violencia bélica. A lo largo de *La clase* se oyen en un segundo plano noticias de matanzas, de disturbios sociales, de asuntos relacionados con armas y violencia social. Este aspecto se subraya todavía más en *Masacre en Columbine*. En este documental se resalta el hecho de que Columbine es una ciudad cercana a una fábrica de armamentos. Los habitantes ven pasar cotidianamente los camiones que transportan misiles y armas, y muchos de ellos trabajan en la fábrica. La población, pues, vive en un ambiente bélico que propicia el miedo y la compra de armas como manera de relación entre la gente. En las dos cintas se nos presenta este contexto como si fuera ajeno a lo que ocurre dentro de la escuela, pero el espectador sabe con toda certeza que no es así.

El acoso escolar o *bullying* y las razones por las que ocurre

Podría decirse que el *bullying* está de moda, o al menos está de moda hablar de él, pero es probable que el acoso escolar haya existido desde que existe la escuela. Basta pensar en la naturaleza humana y sus tendencias violentas que la cultura apenas si puede contrarrestar. Para ser justos, lo cierto es que no podemos estar plenamente seguros de si este fenómeno en realidad se ha incrementado a últimas fechas o si más bien la sociedad se vuelve un testigo más frecuente a través de los medios de comunicación. Lo que sí es indudable es que la tecnología ha ayudado a que se multipliquen sus modalidades de expresión. El problema con el acoso escolar es que suele abordarse sólo parcialmente, y sin tener en cuenta su estructura básica.

El hecho es que se trata de un problema mundial de salud mental, que no distingue raza, religión, posición social, estructura física ni edad. Ningún sector de la sociedad está libre de él. De manera muy preocupante, se observa cada vez a más temprana edad.

La palabra inglesa *bullying* significa intimidación o acoso; se refiere a todas aquellas actitudes agresivas, intencionadas y repetidas de una persona o grupo de personas hacia otra. Su etimología viene de *bully*: matón, peleonero, persona que intimida a otros más vulnerables o en desventaja. El término es ya ampliamente empleado en el mundo de habla hispana. Aunque a veces se usa como sinónimo de *acoso* u *hostigamiento*, su sentido es más abarcador.

Para nuestros fines, y a lo largo de este libro, el acoso escolar o *bullying* es cualquier forma de maltrato físico, psicológico o verbal producido dentro de la escuela (puede ser entre alumnos, pero también entre maestros y alumnos, entre maestros y directivos o personal de la institución educativa), de forma reiterada a lo largo de un tiempo determinado tanto en el aula o el patio como a través de las redes sociales (cuando se concentra en estas últimas se le conoce con el nombre específico de *ciberacoso* o *ciberbullying*).

Si el lector me ha acompañado en orden hasta aquí, sabrá que el *bullying* no se distingue mayormente de todas las otras maneras de maltrato que vemos en cualquier ámbito humano. Es simplemente una manera de acotar en una palabra las expresiones violentas que se dan particularmente en el escenario escolar.

Se sabe que en la escuela es más frecuente la violencia basada en el maltrato emocional que la física. Se presenta a menudo dentro del salón de clases y en el patio, básicamente entre estudiantes y por lo general en ausencia o ignorancia de los adultos a su cargo. Este tipo de acoso se basa en una especie de tortura sistemática y metódica, a través de la cual el perpetrador va empujando a la víctima a una situación de miedo y parálisis; es decir, se le va intimidando, generalmente con la compañía y el respaldo de otros participantes u observadores que se muestran cómplices o indiferentes. Es notable que la víctima, normalmente menos fuerte que el agresor (o al menos así se percibe, y en todo caso el hecho de contar con cómplices representa una ventaja para el agresor), va perdiendo cualquier posibilidad de defenderse, si es que ésta existió en algún momento. Los sentimientos de exclusión y devaluación van mermando la identidad de la víctima de abuso, con lo que resultan serias secuelas psicológicas e incluso propicia salidas extremas, como el suicidio, u otras incluso más dramáticas y escandalosas (recuérdese la masacre de Columbine).

Los chicos que sufren acoso y maltrato, en la escuela o en cualquier ámbito, suelen mostrarse temerosos, incluso aterrorizados, y cuando el acoso ocurre en la escuela, asistir a ella se vuelve una tortura. Se muestran replegados, nerviosos, tristes y solitarios en su vida cotidiana.

En la escuela, el acoso podrá ser detectado por el personal a cargo si es que está capacitado para advertir las señales. De hecho, casi no hay escuela que se salve del *bullying* en mayor o menor medida. Sin duda, habrá algunas que, por su propia estructura y por el funcionamiento de los límites en su seno, incluso propicien hechos de violencia. Un ejemplo paradigmático y terrible de acoso alimentado por la propia escuela es el abuso sexual que sistemáticamente ocurría en los colegios religiosos dirigidos por los Legionarios de Cristo. Es el caso más conocido, pero está lejos de ser el único.*

Repasemos algunas dinámicas internas de las escuelas. Con mucha frecuencia, los maestros pasan junto a situaciones de clara violencia entre los niños y hacen como si no se dieran cuenta de nada (y aquí no estoy hablando de abusos sexuales cometidos por los sacerdotes en las escuelas, donde entran en juego muy oscuras complicidades). Y esto lo perciben los niños: naturalmente se quedan con la impresión de que el maltrato no le interesa a nadie más, que es un asunto particular de cada quien y a cada quien le toca resolverlo como pueda. Por eso insisto: es fundamental que los maestros hablen con los alumnos sobre la violencia, les ayuden a reconocerla y a examinarla, la diseccionen en grupo, de tal manera que los niños comprendan su funcionamiento y sus orígenes. Sin este trabajo, la

---

* Al lector que desee conocer más sobre el tema le recomiendo *La voluntad de no saber*, de Alberto Athié y otros, y *Marcial Maciel: Historia de un criminal*, de Carmen Aristegui.

violencia queda como un asunto silenciado, secreto, del que está prohibido hablar; pero ignorándola es imposible entenderla, ya no se diga controlarla o ponerle fin. Sé que no es fácil para los docentes, y que ya bastante carga de trabajo tienen, pero pensemos esto: cuando un profesor voltea para el otro lado e ignora los atropellos e injusticias de que es testigo, por más extraordinarias que sean sus clases en cuanto al conocimiento impartido, no van a dar buenos frutos: un alumno con miedo de lo que le espera al salir del salón es incapaz de concentrarse en las explicaciones o actividades académicas.

Es inoperante evaluar la problemática de la violencia tan sólo en términos del número de víctimas o de incidentes en tal o cual escuela. Un ambiente de miedo y terror es contrario a todo esfuerzo de transmisión de conocimientos y saberes.

ASOMÉMONOS POR ESTA VENTANA

A fines de 2013 circuló ampliamente en la prensa y en las redes sociales información sobre el triste caso de una niña mixteca de diez años que, al cabo de un tiempo de sufrir repetidas humillaciones y discriminación por parte de sus compañeros, fue atacada a golpes por ellos mismos hasta dejarla en un estado de gravedad, en más de un sentido. Esa escuela, ubicada en Tepito, zona popular de la ciudad de México y con alto índice de criminalidad, es considerada muy conflictiva entre los propios vecinos, que la han apodado La Cárcel por el ambiente violento y los constantes pleitos protagonizados por sus alumnos.* Una habitante de la zona comentó: "Mi hijo estudió ahí en

---

* Univisión Noticias, "Revelan varios casos de *bullying* en la escuela donde agredieron a una niña mixteca".

La Cárcel y la conocemos así porque tiene un ambiente de reclusorio"; y otro: "Niños y niñas se dan sus agarrones. Sabemos que varios tienen familiares en los reclusorios".

Si alguien tuviera dudas de que eso pasa, no es difícil encontrar en internet videos de golpizas entre alumnos de esa escuela. Los mismos alumnos suben los videos, aunque no precisamente con el deseo de denunciar la violencia: más bien de exhibirla, lo cual no deja de tener un lado oscuro, pues apela al placer perverso de ser un espectador de la violencia. Parte del material que se encuentra en las redes muestra peleas en donde algunos jóvenes incitan al maltrato y abuso, entre risas y expresiones que nos erizan la piel: "Mátala, viólala, mátala", se oye a un adolescente gritar detrás de la cámara. Es escalofriante viniendo de cualquiera, más aún cuando se trata de niños. Se sabe incluso que hay alumnos que llevan armas a la escuela. Algunos padres de la zona han preferido llevar a sus hijos a escuelas fuera del barrio.

Este dramático ejemplo nos ofrece varios elementos dignos de analizar. En primer lugar, la discriminación a una niña probablemente en condición de desventaja por su origen indígena. Es pertinente la pregunta: ¿por qué alguien de origen indígena tendría que estar en desventaja? Simple y llanamente porque México es un país profundamente racista donde hace mucha falta una cultura de tolerancia y el respeto a las diferencias (étnicas en este caso). En México la población indígena vive en situaciones de exclusión e inferioridad económica y social. Pero hay algo más. Con toda seguridad, muchos de los chicos que atacaron a la niña mixteca, si no es que la mayoría, son de origen indígena y también viven en condiciones de pobreza y desventaja. Es una explicación muy superficial decir que algunos familiares de estos niños están en la cárcel o son delincuentes. Puede ocurrir que a algunos de los niños que van a esa escuela, provenientes de circunstancias de violencia extrema desde la primera infancia, les sea difícil siquiera imaginar otras opciones. No las hay, porque nada a su alrededor las ofrece. Es justamente la escuela la que podría abrir una puerta distinta… pero un recinto llamado La Cárcel claramente está rebasado en su función reguladora de las violencias, y difícilmente les otorgará a estos chicos otras salidas.

Sería muy simplista decir que todos los delincuentes lo son por puro gusto. Hay quienes salen de esas aguas turbias y pestilentes, y hay quienes simplemente no lo consiguen y se sumergen cada vez más en sus profundidades. ¿Por qué unos sí y otros no? De haber alguna respuesta, seguramente estará en las honduras del inconsciente de cada ser humano, de lo que la vida va ofreciéndole y de las decisiones que va tomando a cada paso.

El trabajo con una población escolar como la de La Cárcel, que podría considerarse de alto riesgo (pues todos los niños que asisten allí son vulnerables de caer en situaciones de violencia, en una u otra posición), es en extremo complejo. Haría falta una capacitación profunda y constante del personal para que pudiera intervenir a tiempo desde las primeras manifestaciones de la violencia, no hasta que se llegara al punto de las golpizas como la que sufrió esta niña. Es trabajo de la escuela, y tratándose de escuelas públicas es trabajo del Estado y de los sectores a cargo de la educación, implementar campañas eficaces de asesoría y capacitación para la detección de la violencia en todas sus múltiples manifestaciones, así como instaurar eficaces mecanismos preventivos y de intervención oportuna.

Ya me imagino la risa incrédula del lector: ¿esperar algo del gobierno y sus instituciones? Comprendo este sentimiento de desconfianza, pero hay muchas maneras de asesorarse, buscar recursos, sobre todo humanos, para lograr la capacitación y el trabajo necesarios. No podemos esperar que alguien llegue a dárnoslo. Tenemos que buscar los modos nosotros mismos: como comunidad, como ciudadanos. Pensar en conjunto e incluso crear lo que no ha sido aún creado para atajar al monstruo. Como Hércules y su sobrino cuando inventaron una manera de eliminar a la hidra: mientras uno le cortaba una cabeza, otro cauterizaba la herida para que no nacieran ahí nuevas cabezas.

Más sobre la violencia en la escuela desde el punto de vista del niño

A los niños les preocupa su mundo personal. Pueden preocuparse por el entorno, pero su mayor interés tiene que ver con lo inmediato y lo cercano: lo relacionado con sus afectos. Ellos enfrentan sus propias guerras y violencias personales y saben mucho sobre la codicia, el odio, la crueldad, la rivalidad, así como sobre el amor, los remordimientos, la preocupación por el otro y la tristeza. Esto es natural en los niños sanos cuyo comportamiento se ajusta a las leyes que rigen a la sociedad y por ende tienen límites saludables y saben administrar sus sentimientos. Cuando es necesario, hacen un esfuerzo psíquico para no responder impulsivamente ante circunstancias tensas.

Por el contrario, y como ya hemos apuntado, cuando las normas no se sostienen o se derrumban, los hechos más simples pueden hacer surgir reacciones inesperadamente feroces en los niños. Hemos visto que en cualquier grupo de niños hay los que tienen problemas que traen desde el hogar. El que no es escuchado o el que sufre agresiones y abusos de adultos perturbados necesitará una atención escolar mucho más contenida, pues acá lo importante no es que el maestro sepa muchas matemáticas sino que tenga la sensibilidad de escuchar las necesidades del niño y, apoyado por la escuela, logre un mejor manejo de las situaciones potencialmente disruptivas que él desencadena.

Es oportuna una acotación. Generalmente se cree que los niños más silenciosos, adaptados, bien portaditos y que no dan lata son los que psicológicamente mejor la llevan. Esto es un prejuicio muy difundido. La experiencia muestra que los niños hiperadaptados (es decir, muy sometidos y obedientes) ocultan mucho sufrimiento y violencia tras su actitud obediente. No sienten confianza para mostrar su conflicto, su diferencia, sus deseos o sus tendencias agresivas. Suelen ser niños asustados de contrariar al entorno, de dar sus opiniones y de defenderse. Las tensiones en ellos pueden llegar a ser tan fuertes que se expresen por vías alternas con síntomas que se manifiestan en el aprovechamiento escolar y en la salud. Pero como no son "latosos", como no molestan, ni padres ni maestros sienten la necesidad de ocuparse de ellos.

En la ventana anterior hablamos de una población especialmente vulnerable: familias que, de entrada, se hallan sumergidas en violencias sociales y económicas muy serias (que es como vive un amplísimo y creciente sector de la población mexicana). Los chicos que pueden desarrollarse plenamente y desenvolverse en la escuela de maneras más saludables en lo que respecta al aprendizaje y la convivencia son los que han crecido en un ambiente confiable y que no necesitan del colegio para resolver sus problemas. En casa tienen la confianza de mostrar su enojo, su desacuerdo o su conflicto, y los padres, receptivos, son sus principales ayudantes en la búsqueda de una solución. Porque no olvidemos que ningún ser humano está libre de conflictos, por más saludable que sea, psíquicamente hablando. El conflicto nos constituye y atraviesa desde muy temprana edad.

En todo caso, lo importante no es que haya o no haya conflicto, sino cómo lo enfrenta cada quien. Tras hacer frente a un problema determinado podemos salir fortalecidos, enriquecidos en términos emocionales, o bien debilitados, de tal manera que quedemos atrapados en él.

Los niños que viven en hogares perturbadores buscan encontrar en la escuela lo que en casa no tienen y ven en el ámbito escolar una oportunidad para resolver sus asuntos internos. No van a la escuela a aprender sino a buscar una situación emocional donde descargar sus emociones. El niño que, por el contrario, en casa no vive violencias sino respeto y ha aprendido a manejar sus conflictos irá al colegio a aprender, a jugar, a enriquecer su identidad en el intercambio con los otros niños y con adultos fuera del ámbito familiar. Así ampliará su mundo más allá de la mirada de los padres, lo cual le dará confianza en sus propias capacidades y logros.

No hay duda de que los niños con más problemas, los más violentados, pero que logran expresarse en esa violencia que los desborda, son los más difíciles de sobrellevar. Los coordinadores, tutores, guías y maestros necesitan una enorme paciencia para no responder con la misma violencia con la que ese niño los provoca. Tienen que estar muy bien plantados para conseguir escuchar, tras la violencia de un niño, un sufrimiento y una desesperación que no encuentra salida distinta. Pero, como sea, es mejor que un niño exprese su dificultad a que se la guarde y la acumule: eso es una bomba de tiempo que tarde o temprano estallará en contra de él mismo o de los otros.

No hay que perder de vista que, desde la óptica del niño, la violencia escolar es un componente de su vida cotidiana. Afecta y toca aspectos tan elementales como por dónde camina, cómo se viste, adónde va, cómo habla, qué cosas le gustan y quiénes son sus amigos. Los acosadores se agarran de cualquier ámbito de su identidad para señalarlo y apuntar hacia allí el maltrato. "Qué feo te peinas", "Qué chafa ropa usas", "Tu color de piel no me gusta", "Tienes un nombre horrible"..., y todo lo que se pueda imaginar para usar en contra de alguien y lastimarlo. Estas ofensas pueden estar motivadas por rivalidades o celos, sentimientos siempre presentes entre personas de cualquier edad, pero que entre los niños se manifiestan con empujones, apodos, desvalorizaciones... Si hay ahí cerca un adulto atento que pueda reconocer los conatos de violencia, intervenir adecuadamente e impartir educación cívica, puede evitarse que aquello desemboque en situaciones incontrolables y lamentables.

Los padres frente a la violencia en la escuela

La escuela puede funcionar como un espacio donde incluso los padres tengan oportunidad de restaurar sus vínculos cuando su identidad como familia esté lastimada por desenvolverse en un ambiente violento. El contacto con la escuela bien puede ayudar en la búsqueda de salidas a los modos de relación destructivos. El niño es el vehículo, cuando con apoyo escolar consigue emerger de la carga de maltratos y abusos que se arrastran desde casa. Muchas veces no es sólo el niño quien ignora estar en el agua, como el pez: también los padres, que, en el contacto con la escuela, se ven reflejados en lo que expresa su hijo. Si no se trabaja conjuntamente con ellos es muy difícil que un niño supere de manera definitiva su modo ya arraigado de relacionarse con sus semejantes.

Hay otro aspecto, que hasta ahora no hemos tocado, también relacionado con la violencia, pero de un modo de lo más sutil. A menudo a los padres les inquieta (y esto es válido) que sus hijos puedan quedar fuera de la cadena productiva. Esto los hace preocuparse, a veces en un grado obsesivo, en la adquisición de conocimientos, en las calificaciones, en los títulos y diplomas. Olvidan que los niños no son ni máquinas ni computadoras y que hay otros aspectos importantes de la formación escolar. Esta obsesión por un desempeño académico y curricular que embone en los marcos establecidos los lleva a una sobreexigencia que a la larga relega las capacidades creativas de los niños y muchas veces les limita la posibilidad de expresarse fuera de ese esquema. Esta presión hacia los niños también es un ejercicio violento. Los excesos de tareas, la persecución que generan los exámenes, el hecho de valorar más un número que al niño mismo, muchas veces vuelven el aprendizaje algo parecido a la tortura, en vez de una actividad atractiva y reconfortante para el espíritu, como bien podría ser.

Está comprobado que los niños aprenden mejor en ambientes menos persecutorios, cuando pueden guiarse por sus verdaderos intereses, cuando son tomados en cuenta, cuando logran integrar los aprendizajes a sus propias vidas y experiencias. También tienen un papel importante los conocimientos que el adulto le transmita de manera amable, con gusto. Torturar al niño con sobreexigencias es contraproducente de varios modos: el niño termina por odiar las asignaturas, pues conllevan deberes aburridos y monótonos; los padres viven peleando con sus hijos para que "hagan sus tareas", que en ocasiones toman horas fuera de la escuela y a los mismos padres les resultan insoportables. No es sorprendente que esto provoque grandes tensiones entre los padres y los hijos, alimentadas desde la escuela misma. Estas tensiones pueden derivar en maltratos cotidianos, "invisibles" en cierto sentido, porque se han normalizado y supuestamente el fin los justifica. Así, por ejemplo, de un padre severo que arremete contra su hijo a coscorrones o lo devalúa cuando no hace la tarea se dice que lo hace "por el bien de su hijo, pensando en su futuro".

Haría muy bien la escuela en disminuir esos motivos de tensión y conseguir que el aprendizaje se disfrute, que sea fuente de comunicación y de conocimiento placentera y lúdica. ¿De verdad no podría la enseñanza adoptar maneras más amables? ¿Por qué el aprendizaje escolar tendría que ser torturante y violento para el espíritu? "La letra con sangre entra", decían en el pasado los educadores, y a veces era literal. ¿Es necesario seguir avalando esta fuente de violencia?

La escuela podría crear vínculos con las familias y los padres de sus alumnos desde ángulos distintos e innovadores. Gracias a ellas se podría fortalecer el gusto por el aprendizaje académico y también cívico, medidas decisivas para la reconstitución del tejido social. Un esfuerzo conjunto y en la misma dirección para crear estrategias de apoyo en común tendería puentes y propiciaría una comunicación que diera entrada al diálogo constructivo y dejara de lado descalificaciones y devaluaciones (tanto de los padres hacia la escuela como de la escuela hacia los padres).

Se sabe que el encuentro entre la autoridad parental y la autoridad educativa no siempre es fácil. La familia es la primera a la que se sienta en el banquillo de los acusados como responsable de la conducta antisocial o del bajo rendimiento de un niño. Pero si el lector me ha acompañado hasta aquí, podrá poner sobre la mesa algunos elementos extra, empezando por la carga de la violencia social (injusticia, impunidad, violencia económica) ejercida sobre esas mismas familias. Recordemos los efectos que esto tiene sobre las subjetividades. Muchos padres se sienten señalados, pero si bien de ninguna manera se puede negar su responsabilidad como padres, con el mero señalamiento no se llega muy lejos. Hay que adoptar una perspectiva más compleja e involucrar a los mismos padres en busca de salidas; esto abrirá puertas hasta entonces cerradas que conduzcan por caminos más amables. No se olvide que cada caso y situación exigen una interpretación y un enfoque diferentes. No obstante, en la escuela prevalece la lógica de la descalificación autoritaria, desde donde generalmente se dictamina, con análisis muy estrechos, que esa madre, padre o tutor son culpables porque han sido "malos" en su desempeño, cuando lo cierto es que a menudo vienen de situaciones de pobreza y carencias importantes a muchos niveles. Esta acusación muchas veces confirmará en los padres de familia la sensación de que son incapaces, tanto ellos como su hijo, de superarse cultural y socialmente a través de la escuela. Multiplíquese esto por la enorme cifra de padres de familia en situaciones parecidas y entenderemos los impresionantes índices de deserción escolar en nuestro país.

Por eso la insistencia: desde la escuela deben lanzarse los hilos para construir los puentes que permitan también a los padres incorporarse en los procesos de educación de sus hijos. Con sus propios recursos y herramientas, que en el contacto con el ambiente escolar pueden verse transformadas y enriquecidas. Sin embargo, cuando no se alcanza esa colaboración puede potenciarse la violencia. Los desencuentros profundos entre las autoridades escolares y los padres de familia propician la incomunicación y la degradación de los vínculos. Es lo que pasó en la secundaria, conocida como La Cárcel, donde se maltrató salvajemente a la niña mixteca. Y esto es sólo un ejemplo entre una infinidad.

Las disputas entre familia y escuela son abono para la violencia cuando no hay un efectivo trabajo comunitario en torno a los orígenes desencadenantes de los desacuerdos y malentendidos. Y lo que allí pasa recae siempre sobre los más vulnerables: nuestros niños y jóvenes.

ASOMÉMONOS POR ESTA VENTANA

En los últimos años se ha desatado una perniciosa práctica proveniente de la psiquiatría estadounidense: medicar (y sobremedicar) a los niños a partir del cuestionable diagnóstico del llamado trastorno por déficit de atención e hiperactividad (TDAH). La tendencia ha corrido por el mundo como la pólvora. Es un tema controvertido, que ha dado lugar a muchas discusiones. Un número importante de psicoanalistas que trabajamos con niños nos hemos opuesto insistentemente a estas prácticas, que han sido avaladas por médicos, paidopsiquiatras, neurólogos y escuelas, pero no por eso dejan de ser poco éticas. Sin entrar en honduras, comentaré aquí algunos aspectos centrarles del problema, pues es un ejemplo paradigmático de violencia contra la infancia, y sus lamentables consecuencias ya empiezan a salir a la luz.

Empecemos por algo que no es ningún secreto: el TDAH no existe como un mal de origen orgánico que se pueda detectar físicamente. Leon Eisenberg, el mismísimo psiquiatra que describió por primera vez el trastorno, en una entrevista poco antes de morir dijo que se trataba de un excelente ejemplo de un *trastorno inventado*. "Excelente", lamentable y sumamente pernicioso ejemplo, si tomamos en cuenta los estragos de la medicación en miles de niños, que ahora, ya de jóvenes, pueden relatar el sufrimiento y las consecuencias de haber sido tratados con fármacos durante años.

Se ha revelado que esa sobremedicación, que tomó como conejillo de indias nada menos que a la infancia, proviene de alianzas entre los psiquiatras y las compañías farmacéuticas. En otras palabras, es un vil negocio. El *Manual diagnóstico y estadístico de los trastornos mentales* o *Diagnostic and Statistical Manual of Mental Disorders*, el famoso DSM, que es como la Biblia de los psiquiatras, sirve para avalar esas prácticas. En él se clasifican y describen distintas conductas humanas, para después indicar qué pastillita le viene bien a cada una. Un negocio redondo, con una carga de violencia inconcebible.

El diagnóstico de TDAH y la invención de la necesidad de dar medicamentos psiquiátricos a los niños tiene un apoyo determinante: la angustia de los adultos frente a un niño que se porta mal en la escuela, se muestra inquieto y no aprende. Son síntomas que expresan ansiedad o conflictos que en un momento determinado impiden que el niño se concentre en clase. Pero el fondo del asunto es la poca tolerancia con esos niños inquietos. Enseguida se intenta calmarlos (¿pero no será el adulto el que necesita calmarse porque no sabe qué hacer con un niño inquieto?) y se busca la "pastilla de portarse bien". Eso es más fácil y expedito que revisar a fondo qué puede estarle ocurriendo a ese niño en lo emocional. Esos síntomas en un niño no son otra cosa que una manera de dar salida a una angustia que no puede expresar con palabras. Los niños denuncian el malestar a través de sus síntomas. Y los síntomas del supuesto trastorno, que estuvo tan de moda, suelen desaparecer en cuanto los niños reciben de los adultos a su cargo atención, cariño y cuidado con relación a lo que los aqueja. Esos síntomas, lejos de patologizar a la infancia, deberían ser para los adultos una señal de que los niños les están pidiendo compañía, atención y cercanía. En el fondo es una simple necesidad de que se preste atención a algo que no saben poner en palabras: su sufrimiento.

En eso consiste una de las varias violencias de la medicación psiquiátrica: se acalla el síntoma con una camisa de fuerza química, en vez de tratar de entender qué es lo que no estaría funcionando con ese niño en términos vinculares o emocionales. Recetar metilfenidato no resuelve el problema de fondo: sólo le echa tantita tierra para tapar lo que les molesta a los adultos. A costa de los mismos niños, claro está. Peor aún: en muchísimas ocasiones ni siquiera es el médico quien diagnostica y receta: la propia escuela sugiere a los padres que vayan a la farmacia por su ritalín.

Pero ese medicamento no es inocuo, en ningún sentido. Para empezar, con su uso se va creando una costumbre peligrosa: frente a un conflicto, en lugar de tratar de pensar y revisar de dónde proviene y buscarle una solución, se le "acalla" y tapa con una droga. Por otra parte, cuando no es un niño aislado, sino muchos niños los que no prestan atención y se inquietan en clases, cabe la pregunta de qué está fallando en la escuela. ¿Por qué un maestro no puede atraer la atención de los alumnos ni sabe ayudarlos a concentrarse? Saber captar el interés de un niño es responsabilidad del educador y del padre de familia, pero en quien termina depositándose la carga es en el niño. Una profunda y perturbadora violencia.

El metilfenidato, además, tiene efectos inhibidores que pueden perturbar el deseo lúdico y relacional del niño que se ve obligado a consumirlo. Esto va mermando sus posibilidades de enriquecerse emocionalmente y crecer como sujeto en relación con otros; es una adaptación a costa de la subjetividad del niño. A estas alturas se cuenta con una gran cantidad de testimonios de jóvenes que durante años fueron medicados por ser considerados "niños problema", y que pasaron largos periodos de su infancia emocionalmente aplanados. Eso sí, sus padres y maestros se quedaban muy tranquilos, y no se les ocurría cuestionar las implicaciones de la medicación.

Tenemos, entre otros, el testimonio de Julia, joven adulta de veintitrés años, que estudia artes visuales. Tomó ritalín de los nueve a los once años, y no tiene buenos recuerdos de esa época. En aquellos años sus padres se peleaban constantemente y terminaron por divorciarse después de una larga crisis. Además la cambiaron a una escuela que no le gustaba y sentía mucha rabia, quería golpearlos a todos, no tenía ganas de atender las clases. Ahora de adulta se da cuenta claramente de que no se trataba de un problema orgánico, ni mucho menos, sino de que ella recibía toda la carga de las peleas entre sus padres, sin que ninguno se tomara la molestia de explicarle y ayudarle a entender lo que ocurría. Aparte de eso, en la escuela no encontraba refugio, ni con sus compañeros ni con los maestros, rígidos e intolerantes frente a las demostraciones de frustración y angustia de la niña. Julia recuerda esos años como los peores de su vida. El ritalín la hacía estarse quieta en su silla, sin hablar con nadie, pero no podía dejar de comerse las uñas compulsivamente y sentía mucho miedo, no sabía muy bien a qué. "Eran sensaciones horribles, muy desagradables, que tampoco me permitían resolver mis problemas de relación, porque las causas estaban en otro lado", señala ahora Julia.

Aunque tarde, su madre finalmente decidió retirarle el medicamento. Julia ahora sabe que ella en aquel momento estaba cegada por sus propias preocupaciones y no podía ver lo que a la niña le ocurría. Hoy Julia entiende que lo único que necesitaba era que alguien la ayudara a comprender qué pasaba entre sus padres: quería verlos contentos, y estar en una escuela donde tuviera amigos. "Para curarme de la rabia, de la frustración y de la angustia, necesité ir a terapia, hablar de mis sentimientos; fue algo que de verdad me alivió, pues nunca antes nadie me había escuchado y ayudado a entender lo que me pasaba". Gracias a la terapia, Julia pudo restaurar sus emociones, recuperarse en los estudios y tener amigos en una nueva escuela. Si se le pregunta qué piensa del ritalín responde que es algo nefasto para los niños.

Lamentablemente, hay cientos de ejemplos como el de Julia, y muchos peores, pues no todos encontraron la salida que a ella sí se le presentó.

En 2012, la revista de divulgación *Psychology Today* publicó un artículo de la terapeuta familiar Marilyn Wedge sobre por qué los niños franceses no tienen TDAH. Porque, en efecto, los niños franceses no necesitan medicamentos para controlar y regular su conducta. Mientras en Estados Unidos al menos nueve por ciento de los niños son diagnosticados y medicados en consecuencia, en Francia el porcentaje es menor a 0.5. ¿No es esto muy extraño, si se supone que el TDAH es un trastorno neurológico en el que está en juego la biología? Pues justamente: no es un trastorno neurológico. Pero si en Estados Unidos (al igual que en México y otros países de América Latina) se ha logrado engañar y manipular a la gente para que crea que el TDAH tiene un origen biológico, en Francia los psiquiatras lo ven, si acaso, como un trastorno de origen psicosocial.

Los paidopsiquiatras franceses consideran que las causas del TDAH son básicamente psicosociales y vinculares, de tal manera que en lugar de tratarlo con drogas prefieren explorar lo que podría estar causando el malestar: no en el cerebro de los niños, sino en su ambiente social, y lo abordan terapéuticamente.

Puntos de vista radicalmente distintos el francés y el estadounidense. Indudablemente se debe a las diferentes tradiciones en que se sustentan teórica y clínicamente la psiquiatría francesa y la estadounidense: mientras que la primera se basa en consideraciones psicodinámicas (toma en cuenta aspectos emocionales, psicosociales, ambientales) y en una tradición más humanista para pensar a la persona y la mente, la segunda tiene una influencia positivista, organicista y conductual.

Marilyn Wedge menciona otra diferencia importante entre la educación estadounidense y la francesa, que al lector de este libro no le sonará extraña: los niños franceses crecen en familias donde las reglas son claras y han sido entendidas, gracias a lo cual los vínculos no se trastocan.

Hay que subrayar, por último, lo peligroso que es que un diagnóstico psiquiátrico se realice en una escuela, muchas veces sin intervención de un profesional de la salud mental. "Zapatero a tus zapatos", como dice el refrán. Darles a los niños medicinas para controlarlos y reprimirlos, sin trabajar con las razones más profundas de su malestar, es de suyo una violencia. Pero una medicación que ni siquiera supervise un médico, sino que arbitrariamente haya recetado alguien que trabaja en otro campo, es una aberración completa, una violencia extrema. Una de las violencias, en fin, más aceptadas de nuestra época, y que ha hecho un daño profundo a toda una generación de niños que crecieron amordazados por camisas de fuerza químicas socialmente aprobadas.

Estrategias para contrarrestar y "desaprender" la violencia en la escuela

Ya he comentado que no soy partidaria de las generalizaciones al abordar problemas complejos como el de este libro. Y si en un extremo tuviera que generalizar sobre las estrategias para hacerle frente, diría que es imprescindible hacer un análisis escuela por escuela, y ya entonces, a partir de las circunstancias específicas de cada plantel, buscar alternativas particulares en su combate contra la violencia. La clave no depende del uso de una teoría o de un modelo prefabricado, sino más bien de adaptar creativa y reflexivamente algunas estrategias generales a las características particulares y la lógica de funcionamiento de cada institución. Lo primero es tomar en cuenta las características personales y culturales de la comunidad escolar en su conjunto. Nadie ignora (ya lo he dicho) que en un gran número de instituciones públicas la escasez de recursos dificulta que se hagan diagnósticos tan profesionales como sería deseable. Sin embargo, abordar las condiciones socioeconómicas de la población y el modo de vida de cada uno es central, pues sólo así es posible generar una sensibilización y una comprensión apegadas a la realidad. Las salidas deben generarse a partir de los recursos disponibles.

Naturalmente, serán muy diferentes las estrategias viables en una escuela como La Cárcel y otra donde los conatos de violencia sean esporádicos y más manejables. El personal de la institución, junto con los padres (cuando se ha trabajado en crear puentes entre colegio y familia), podrá crear estrategias para, antes que nada, distinguir, esclarecer e intervenir en las situaciones potencialmente desencadenantes de violencia para impedir que los niños caigan en ella. Para eso únicamente se necesita tener ganas, disposición para escuchar, para comprender y atender las inquietudes de los alumnos. Con tan sólo fomentar ese diálogo y comunicación abierta, y la participación activa de los niños en sus propios procesos, empieza a contrarrestarse la violencia. Como hemos dicho, la ignorancia y el silencio alimentan la glotonería del monstruo. Estas intervenciones y estrategias rompen con la cultura del silencio y el sometimiento en la educación. Los maestros tienen así la oportunidad de promover una formación que responda a las realidades, intereses y contextos en los que actúan, buscando salidas colectivas más constructivas.

Cómo hablar en la escuela con los niños sobre la violencia

Está claro que la escuela no podrá contrarrestar la violencia más que comprendiendo mejor las necesidades de los alumnos y hablando con ellos. En ese sentido, habría que colocar las habilidades sociales (es decir, la formación humana en términos de ciudadanía y comunidad) a la par que el rendimiento académico. No hay un solo asunto concerniente a lo humano que no pueda ser tratado con un niño, y de hecho todo lo humano lo incluye a él mismo de una manera u otra.

Gran parte de las veces, el problema en la base de las expresiones de violencia entre los niños es que el tema no se ha hablado con ellos, sino que está enlazado a silencios, secretos y evitaciones por parte de los adultos. Sin embargo, eso no impide que los niños, a su modo, sepan algo sobre la violencia. Las personas "decimos" mucho a través de lo que no decimos. Nuestros silencios, la manera como eludimos ciertas preguntas, nuestras conductas y actitudes con esto y con lo otro forman parte de un lenguaje no verbal que no se comunica con palabras pero expresa afectos, situaciones, incluso ideas, sin que nos demos cuenta. Y los niños saben de la violencia porque, en mayor o menor medida, la atestiguan y también la experimentan. Forma parte de lo humano que hay en cada uno. Tal y como señalé antes, si un maestro pasa de lado una situación de violencia entre niños y la ignora, la evita y no interviene para poner límites, lo que está "enseñando" es justamente que eso se vale, que no hay problema en ejercer el maltrato o el abuso hacia otros. El maestro estará entonces "enseñando" sin palabras, a través de su omisión, y muchas veces movido por su ignorancia, ceguera o negligencia.

Hablarles directamente a los niños sobre estos temas con palabras, ejercicios, reflexiones y juegos de acuerdo a la edad tendría que ser parte de un programa formal de intervención en las escuelas, acompañado de un trabajo en educación cívica y comunitaria. Distintas investigaciones demuestran que las habilidades sociales únicamente mejoran con una instrucción directa: sólo se adquieren cuando se llevan a cabo actividades educativas de forma intencional. En este sentido, la escuela tiene aquí una enorme responsabilidad. No puede ignorar la realidad que enfrenta. Es imprescindible que articule una propuesta educativa, no sólo para contrarrestar los hechos de violencia escolar, sino para prevenir futuras irrupciones, capacitando a maestros y personal en la detección temprana y en la creación de espacios alternativos que inviten a crear salidas dignas y constructivas, para desde ahí reparar el tejido social.

ASOMÉMONOS POR ESTA VENTANA

Hay un prejuicio muy difundido según el cual jugar es lo contrario de aprender; que el juego es innecesario, irrelevante y poco serio. Nada más falso. Ya Platón, cuatrocientos años antes de Cristo, aconsejaba a los maestros de las escuelas usar el juego para ayudar a los niños en el aprendizaje. No obstante, en nuestros días decir que algo "es un juego" equivale a señalarlo como intrascendente. El discurso social se ha encargado de quitarle valor a esta actividad central en aras de enaltecer lo meramente utilitario (el trabajo, la escuela, la productividad).

Lo cierto es que la actividad lúdica tiene una inmensa importancia tanto para la vida personal como para la vida comunitaria. El psicoanálisis ha demostrado que los seres humanos nos construimos jugando. Mediante el juego nos apropiamos de nuevas experiencias, conocemos nuestro cuerpo y nuestro ambiente, aprendemos cómo son las relaciones humanas. En una frase: jugando conocemos el mundo. Al jugar experimentamos placer y amor, y también jugando podemos elaborar sentimientos más complicados, como el enojo, la tristeza y la agresividad en sus múltiples dimensiones. Jugar implica reunir, juntar, integrar las vivencias en nuestro mundo interior, especialmente aquellas que nos interesan, nos conmueven o impactan de alguna manera. En ese sentido, jugar también implica transformar, cambiar y trascender los estados de nuestra mente y por lo tanto de nuestra existencia.

Al tener efectos en nuestra subjetividad, el juego también los tiene en nuestras relaciones. El juego es un motor social: reúne y promueve agrupaciones humanas que se asocian en búsqueda de un objetivo común, contribuyendo al bienestar grupal, pero de una manera apartada de lo cotidiano. El juego crea una realidad alterna, mágica, disfrutable, pero circunscrita a un campo muy preciso donde pueden ocurrir *todo tipo de cosas*. Este aspecto del juego es de relevancia fundamental: *jugando* se vale que ocurra lo que sea, no importa qué, siempre y cuando no se salga de la zona delimitada a esos efectos y se respeten, justamente, las reglas del juego.

Jugar es un asunto serio. Mientras un grupo de personas, de la edad que sea, juegan, están concentradas, sumergidas en lo que el juego les exige. Piénsese en una partida de ajedrez, en un juego de futbol o en un niño ensimismado en una historia que se ha inventado. Todos respetarán las reglas acordadas y estarán concentrados. Un profundo y activo procesamiento mental habrá entrado en juego.

Hay adultos que se escandalizan cuando los niños tienen juegos violentos. No me refiero aquí a los videojuegos; éstos necesitarían un comentario completamente aparte, empezando porque el videojuego impone las imágenes a seguir y anula las posibilidades de que el niño cree las suyas propias. Esto por sí solo es una gran diferencia, pues con frecuencia esas imágenes prefabricadas de los videojuegos son ideologizadamente violentas y muy tendenciosas, y buscan que ese producto siga siendo consumido adictivamente. Además se prestan a ser empleados como sustitutos del cuidado, de la convivencia y de la comunicación. A muchísimos niños se los abandona durante horas frente a la consola de juegos o a la televisión. Eso es negligencia y, por ende, violencia. Los niños se vuelven invisibles; los adultos se desentienden y el "cuidado" de los menores queda en manos de las pantallas. Un uso abusivo de las consolas y de los videojuegos puede limitar la creatividad y la imaginación de los niños, aislarlos del mundo real, repercutir en su rendimiento escolar y reducir su capacidad de imaginar mundos personales. En un sentido importante, los videojuegos traicionan el espíritu mismo del juego, que se basa en la creatividad y su potencial transformador. Por otra parte, no hay duda de que una exposición constante a videojuegos o a películas violentas tiene la capacidad de generar violencia en los niños.

Los padres cuidadosos no permitirán una exposición ilimitada a videojuegos, y seguramente también hablarán con sus hijos y los ayudarán a distinguir y aclarar los límites, sin olvidar que se trata de juegos y como tales se llevan a cabo en un plano alterno donde hay cosas que se valen porque no dañan *de verdad* a las personas.

Es muy diferente lo que pasa con los juegos de imaginación. De estos hablamos cuando decimos que el juego es imprescindible para el desarrollo mental. Ahí los niños actúan personajes, escenas, situaciones, inventan historias o las recrean, de acuerdo con lo que su fantasía les dicta. A diferencia de los juegos prefabricados, éstos surgen de la mente del niño, y no hace falta ninguna consola cara y elaborada para llevarlos a cabo. Basta con objetos sencillos. Lo que no puede faltar son las experiencias internas. Allí no son poco comunes escenas o situaciones que *representan la violencia*, pero una cosa es representarla y otra cometerla. Es una diferencia fundamental que no se menciona con suficiente frecuencia. Que un niño tome un juguete para *hacer como que* mata al amiguito con el que está jugando *no es lo mismo que matarlo de verdad*. Puede ser que en ese juego esos niños estén digiriendo sus celos, sus rivalidades, hasta sus pérdidas. Y es importante que puedan hacerlo en ese campo. Al representarla sin dañar ni lastimar *de verdad*, el juego amortigua la violencia real. No es lo mismo una historia que narre un hecho terrible que el hecho terrible en sí. Una está en el campo de la fantasía y la imaginación, es decir, en el campo de la representación, y otra está en el campo de la realidad. Y si bien el campo de la representación implica sentimientos en ocasiones muy intensos, ese mismo campo nos permite sublimarlos y elaborarlos psíquicamente, nos permite trabajar sobre nuestros monstruos interiores.

Si a un niño se le prohíbe jugar y llevar a ese terreno mágico sus pulsiones destructivas o sus emociones, tampoco las elaborará, ni distinguirá la representación del acto real. Con un arma de juguete no mata a nadie. Con una espada de plástico no le rebana la cabeza a nadie, siempre y cuando esté jugando y se atenga a las reglas (aquellas necesarias que ponen los niños —regulados por los adultos— para jugar con otros niños). Si ese niño hace un dibujo de guerra, donde ocurren matanzas y catástrofes espantosas, sin duda representa algo que le ocurre internamente, pero también nos hace saber que está trabajando psíquicamente en ello.

Normalmente un niño sano es perfectamente capaz de representar su propia agresividad en el campo del juego, del dibujo, del lenguaje y del pensamiento. Por el contrario, un niño inhibido, al que le cuesta trabajo jugar, tiene más dificultades para elaborar sus emociones. Cuando se juega se lleva a las emociones a la dimensión de la imaginación; eso permite procesarlas y tiene repercusiones en distintos aspectos de la vida de un niño. Toda creación humana tiene un fundamento lúdico y da lugar a una nueva visión del mundo o de las cosas, hasta entonces inimaginada. El inventor de la computadora, por ejemplo, tuvo que haberla imaginado alguna vez. O piense el lector en cualquier objeto de los que le rodean y se dará cuenta de que todos son invenciones humanas, imaginadas por personas y creadas por ellas para la utilidad común. Empiezan siendo algo muy lúdico: el uso que les den después otras personas es otro asunto. Pero nacieron del trabajo creativo de una mente y hubo en el proceso imaginación y juego. Por todo esto, jugar es una actividad muy enriquecedora y puede ser un medio colectivo e individual para contrarrestar la violencia.

Cuando un niño mantiene su capacidad de jugar es seguro que está consiguiendo elaborar sus afectos, cuidar de sí mismo y de su relación con los otros. A veces el juego nos ayuda a cauterizar las heridas que abre el monstruo de la violencia a su paso por nuestra vida.

ABRAMOS ESTA PUERTA

Para cerrar estas páginas quiero abrir una puerta. Y contarle al lector esta historia que conocí hace unos días.

Ocurre en una pequeña comunidad llamada Cateura de Asunción, en Paraguay, que vive del vertedero de basura. Todos los días, niños, jóvenes, adultos y ancianos deambulan entre los desperdicios en busca del sustento cotidiano. La mayor esperanza es encontrar algunos trastos reciclables para vender por unos centavos y así librar un día más. Es una comunidad que ha vivido en esas condiciones de miseria generación tras generación, y donde la violencia está tan presente como la basura. Quedémonos unos momentos con esta imagen: personas de todas las edades, náufragas en un mar de desperdicios, rodeadas de un aire turbio, desesperanzadas e insensibles al hedor producido por la descomposición de ese oleaje nauseabundo.

Ahora pensemos en otra imagen: una orquesta de jóvenes ensayando en una sala de conciertos. Vemos al director dando indicaciones a los músicos, todos ellos absortos en el ondear de las notas, en los ritmos, los acordes, la melodía. Si nos acercamos un poco más a los instrumentos descubrimos con sorpresa que los violines están hechos de latas, tenedores, cucharas y tazas viejas. Los saxofones, construidos con tubos reciclados, mangos de cucharas y botones. Lo que hoy es un contrabajo alguna vez fue un tambor de productos químicos. El flautista levanta con alegría su flauta, hecha con un tubo de agua, monedas y pedazos de candados viejos.

Lo que une la primera imagen con la segunda es la increíble historia de la Orquesta de Instrumentos Reciclados de Cateura.

El proceso surgió como un deseo: un director de orquesta sinfónica soñaba con llevar la música a las poblaciones marginadas de Paraguay. Estimulado por la idea de que la música puede ser un elemento de transformación social, dedicó un año a recorrer su país y a entrevistarse con educadores, políticos, religiosos y campesinos. Su deseo era tan vehemente que a pesar de tener que enfrentarse a la desconfianza, él siguió adelante contra viento y marea. Nadie creía que algo así pudiera funcionar, nadie creía en ese loco proyecto. Lo más increíble era que los beneficiados fueran los niños de menores recursos. Durante ese año de búsqueda, un colaborador, otro músico igualmente entusiasta, empujado él también por sus propios deseos, le propuso al director llevar "sonidos de la tierra" a esa comunidad pobre y olvidada en Cateura de Asunción, cuyo paisaje de montañas de basura, gris y desolador, no dejaba espacio a la esperanza.

La población se mostró muy entusiasta, sobre todo los niños, que estaban dispuestos a aprender música, sólo que... únicamente había cinco violines para más de cincuenta niños, y ni un peso de presupuesto para comprar más. A más de uno eso lo habría hecho abandonar el barco. Pero a veces el deseo y la voluntad unidos hacen de las suyas. Muy pronto la iniciativa, con toda la energía que suscitaba, atrajo a más gente interesada en participar desde sus propios oficios. Se creó así un taller de laudería y se organizó un programa para que otros miembros de la comunidad se integraran al proyecto. En el taller, jóvenes lauderos y padres de familia (que habían sido recicladores de basura o gancheros, como les dicen en Paraguay) tuvieron la idea de usar deshechos para fabricar instrumentos. A algunos músicos les pareció una broma, pero al poco tiempo empezaron a aparecer violines, contrabajos, flautas y saxofones hechos de latas viejas, tubos y todo tipo de objetos desechados. Funcionaban, y el sonido era aceptable. Luego, con paciencia, mejoraron el desempeño de sus instrumentos reciclados. Cualquier desecho, con un poco de imaginación, era susceptible de transformarse en un instrumento que sirviera para el aprendizaje de un niño. Pronto los primeros niños empezaron sus lecciones con toda dignidad, y a esos les han seguido muchos más.

Fabricar los instrumentos con basura y conseguir que sonaran bien fue un proceso de colaboración y trabajo sostenido en comunidad. La experiencia también sirvió para enseñarle a la comunidad que no todo es inmediato, que las cosas no se consiguen a la primera, pero que el tesón y la perseverancia tienen sus frutos: traen consigo alegrías y devuelven la confianza.

Poco a poco el paisaje dejó de ser una pura desolación. Junto con la música, la esperanza se adentró en las viviendas. Ahora, desde una esquina se oyen melodías salir por las ventanas de una casa, un niño ensaya, y más allá otro. Los chicos ponen su alma para que surjan notas afinadas del violín o el saxofón que sus padres o algún vecino construyeron. Y en el proceso surge un aprendizaje adicional no esperado: el aliento y la energía de la creación en comunidad contribuye, hasta cierto punto, a la reconstrucción social.

Y así, las pocas esperanzas por un futuro mejor se transformaron paulatinamente en un porvenir más digno para los músicos y sus familias, así como para todos los que fueron integrándose a esta singular y esperanzadora experiencia comunitaria que le dio un nuevo sentido a la vida. Después de un tiempo, y gracias al esfuerzo conjunto, finalmente lograron conformar la Orquesta de Instrumentos Reciclados de Cateura, que empezó a hacer giras por todo el mundo. Recibidos con admiración y alegría aquí y allá, los jóvenes músicos ahora aportan a su comunidad recursos materiales para mejorar sus viviendas y dan clases a otros niños y adultos.

Vuelva el lector a esas dos imágenes iniciales: una donde seres humanos en la escala más baja de lo social naufragan en un mar de desperdicios y otra donde un grupo de jóvenes en una sala de conciertos ensaya una sinfonía. Ahora coloquemos en medio un puente: un puente, construido con el tesón comunitario, que une dos mundos diferentes, el de la desesperanza, la violencia y la marginación extrema, por un lado, y el del arte y sus posibilidades restauradoras, por otro. Esta experiencia paraguaya nos ha demostrado que esos dos mundos no son irreconciliables. El mundo que está hundido en la violencia generada por la pobreza extrema y la ignorancia puede redirigirse y enmarcarse en un quehacer que devuelva el sentido de la vida y restaure la confianza en los otros y en la comunidad. Puede ser la música o cualquier otra actividad creativa, digna y constructiva. Incluso cuando se vive en el estado más bajo de la pobreza, si se tiene iniciativa y se les da salida a los recursos creativos y de imaginación que guarda todo ser humano, hasta la basura puede convertirse en una herramienta de creación que cambie la vida de mucha gente. Es este caso la música fue el puente. Pero puede haber tantos otros como el lector imagine y sea capaz de crear él mismo.

Frente a este puente, a esta puerta abierta, quizás empecemos a creer que nuestras acciones pueden cambiar algo. Porque hemos llegado a creer que no es posible, y en esa falsa creencia hemos replegado nuestro poder de transformación pues nos parece que la tarea es demasiado grande. Pero no hay acciones pequeñas e insignificantes. Y tres, diez, cien, mil, un millón de acciones "pequeñas" pueden unirse en un empeño común que no tendrá nada de insignificante.

Porque, claro, también podríamos seguir cerrando puertas y calles, armarnos hasta los dientes, encerrarnos entre las paredes de nuestra casa tratando de protegernos de la violencia que da vuelta en la otra esquina, o podríamos contratar a millones de policías para vigilarnos unos a los otros. Pero eso no sirve de nada; es como tapar el sol con un dedo. Lo verdaderamente efectivo sería crear salidas colectivas más amables, que se basen en la confianza, la tolerancia, el cuidado hacia el otro y la búsqueda activa por el bien común. Es un trabajo arduo, pero no imposible.

Necesitamos reconocer el país que tenemos y que hemos construido, para poder pensar, desde el espacio vital de cada uno, el país que queremos construir, cada quien desde sus propias coordenadas.

La violencia es un ejercicio de poder. Pero deslegitimarla y contrarrestarla también lo es: un ejercicio de poder creativo y vital, un puente por construir, una puerta abierta. Cada quien decide si la cierra o si mejor se anima a dar un paso al frente y así, con deseo y voluntad, atravesar el umbral.

BIBLIOGRAFÍA

ARISTEGUI, Carmen, *Marcial Maciel: Historia de un criminal*, México, Grijalbo, 2010.

ATHIÉ, Alberto, José Barba y Fernando M. González, *La voluntad de no saber. Lo que sí se conocía sobre Maciel en los archivos secretos del Vaticano desde 1944*, México, Grijalbo, 2012.

ARIÈS, PHILIPPE, El niño y la vida familiar en el Antiguo Régimen, Madrid, Taurus, 1987.

BADINTER, Elizabeth, ¿Existe el instinto maternal? Historia del amor maternal, siglos XVII a XX, Barcelona, Paidós, 1991.

BARUDY, Jorge, *El dolor invisible de la infancia*, Barcelona, Paidós, 2013.

BASSOLS, Ramón, "Las raíces psicológicas de la violencia", *Temas de Psicoanálisis*, núm. 4, junio de 2012.

BATAILLE, George. "¿Estamos aquí para jugar o para ser serios?", en *La felicidad, el erotismo y la literatura. Ensayos, 1944-1961*, Buenos Aires, Adriana Hidalgo Editora, 2004.

BETTELHEIM, Bruno, *La fortaleza vacía*, Barcelona, Paidós, 2007.

BLEICHMAR, Silvia, *Violencia social - Violencia escolar. De la puesta de límites a la construcción de legalidades*, Buenos Aires, Noveduc, 2012.

CASTRO SANTANDER, Alejandro, *Desaprender la violencia: un nuevo desafío educativo*, Buenos Aires, Bonum, 2005.

DOLTO, Françoise, *La causa de los niños*, Barcelona, Paidós, 1986.

FREUD, Anna, *El yo y los mecanismos de defensa*, Barcelona, Paidós, 1961.

FREUD, Sigmund, *El malestar en la cultura*, en *Obras completas*, tomo XXI, Buenos Aires, Amorrortu, 1991.

— *¿Por qué la guerra?*, en *Obras completas*, tomo XXII, Buenos Aires, Amorrortu, 1991.

— *Psicología de masas y análisis del yo*, en *Obras completas*, tomo XVIII, Buenos Aires, Amorrortu, 1991.

GAMPEL, Yolanda, *Esos padres que viven a través de mí*, Buenos Aires, Paidós, 2006.

GOLDING, William, *El señor de las moscas*, Madrid, Alianza, 1983.

GRIMAL, Pierre, *Diccionario de mitología griega y romana*, Barcelona, Paidós, 1984.

HUIZINGA, Johan, *Homo ludens*, Madrid, Alianza, 2004.

LACAN, Jacques, *La familia*, Barcelona, Argonauta, 1978.

LAING, R. D., *El cuestionamiento de la familia*, Buenos Aires, Paidós, 1972.

La Jornada, "La SEP impulsará freno a la violencia escolar en 2014", 5 de diciembre de 2013.

LEVI, Primo, *Si esto es un hombre*, Barcelona, El Aleph, 1987.

— *La tregua*, Barcelona, El Aleph, 1988.

MATARASSO, Samuel, "Numerizar las emociones: la influencia de la confianza en la productividad", *La Gaceta de Ciencia Política*, año 10, núm. 2, 2013.

PERDOMO, Gloria, "Propuestas educativas para tener escuelas libres de la violencia", conferencia (se puede leer en http://www.uam.mx/cdi/pdf/redes/viii_chw/propuestas.pdf).

SAVATER, Fernando, entrevista, en http://www.savater.org/entrevista.htm.

—, entrevista, en http://espectador.info/text/pglobal/savater.htm.

UNIVISIÓN NOTICIAS, "Revelan varios casos de *bullying* en la escuela donde agredieron a una niña mixteca", 3 de diciembre de 2013.

WINNICOTT, Donald, *El niño y el mundo externo*, Buenos Aires, Hormé, 1993.

—"Realidad y Juego", Barcelona, Gedisa, 1982.

WEDGE, Marilyn, "Why French Kids Don't Have ADHD", *Psychology Today*, 8 de marzo de 2012.

Filmografía

- *Hanna Arendt*, dirigida por Margarethe von Trotta, 2012.
- *El castillo de la pureza*, dirigida por Arturo Ripstein, 1972.
- *Persépolis*, dirigida por Vincent Paronnaud, 2007.
- *Precious*, dirigida por Lee Daniels, 2009.
- *La Clase*, dirigida por Ilmar Raag, 2007.

Organizaciones que trabajan contra la violencia

Las siguientes organizaciones e instituciones, con sede en México, trabajan en contra de la violencia y brindan atención a víctimas. Se pueden buscar sus nombres en internet para obtener la información de contacto más actualizada.

- Adivac (Asociación para el Desarrollo Integral de Personas Violadas, A. C.).
- CAVIDA (Centro de Atención a la Violencia Doméstica del Instituto Latinoamericano de Estudios de la Familia, A. C.).
- UAPVIF (Red de Unidades de Atención y Prevención de la Violencia Familiar).
- Vida Sin Violencia (Instituto Nacional de las Mujeres).
- Locatel.

ÍNDICE

EPÍLOGO: ABRAMOS ESTA PUERTA 193

Hablemos de violencia. Un monstruo de mil cabezas,
de Mariana Osorio Gumá,
se terminó de imprimir y encuadernar en abril de 2014
en Quad/Graphics Querétaro, S. A. de C.V.
lote 37, fraccionamiento Agro-Industrial La Cruz
Villa del Marqués QT-76240

Dirección editorial, Yeana González López de Nava
Edición y cuidado de la edición, Laura Lecuona
Asistencia editorial, Carmen Ancira
Formación, Víctor de Reza
Diseño de portada, Sergi Rucabado